Irmtraud Tarr

So zähmen Sie ein Stachelschwein

HERDER spektrum

Band 6219

Das Buch

Wenn andere Menschen einem das Leben schwer machen, braucht es effektive erste Hilfe für den Umgang mit diesen Zeitgenossen: Tipps für den Umgang mit dominanten Kontrolleuren, mit misstrauischen Mitmenschen, aggressiven harten Brocken, mit den schweigsamen Zeitgenossen und den Supernetten, mit Intoleranten und Geschwätzigen, mit Opferlämmern und denjenigen, die sich für die Allergrößten überhaupt halten. Methoden, die sich in der Praxis erprobt haben und lange wirken... Von der erfahrenen Therapeutin Die effektivsten und elegantesten Formen im Umgang mit schwierigen Zeitgenossen.

Die Autorin

Irmtraud Tarr, Dr. phil, Psychotherapeutin in eigener Praxis und Konzertorganistin. Zahlreiche Veröffentlichungen. Bei Herder zuletzt: Lampenfieber. Stark sein unter Stress.

Irmtraud Tarr

So zähmen Sie ein Stachelschwein

Vom Umgang mit schwierigen Menschen

HERDER

FREIBURG · BASEL · WIEN

ISBN 978-3-451-28683-4

www.herder.de

Umschlagkonzeption und -gestaltung:
R·M·E Eschlbeck / Hanel / Gober
Umschlagmotiv: © Corbis/Getty Images
Foto: © privat

Herstellung: fgb · freiburger graphische betriebe
www.fgb.de

Gedruckt auf umweltfreundlichem, chlorfrei gebleichtem Papier
Printed in Germany

ISBN 978-3-451-06219-3

Inhalt

Vorwort

„Warum denn in die Ferne schweifen? Sieh, das Schwierige liegt so nah …“ Ich musste nicht weit reisen, um dieses Buch zu schreiben, und ich musste auch nicht komplizierte Recherchen anstellen. Ein Blick in die nächste Umgebung genügte, um eine Fülle wertvoller Einsichten zu gewinnen. Vielleicht geht es Ihnen ähnlich. Schwierig sind nicht die Menschen da draußen, die uns nichts angehen, sondern diejenigen, mit denen wir uns im Alltag, in der Familie, Nachbarschaft und im Beruf arrangieren und auseinander setzen müssen. „Es gibt viele nette Leute, aber die wohnen meist weit weg“, so der Kommentar einer Frau.

Arthur Schopenhauer war es, der mich zum Titel dieses Buches inspirierte. Er erzählte die Geschichte von den Stachelschweinen, die sich an einem kalten Wintertag nach Wärme sehnten. Um sich vor dem Erfrieren zu schützen, drängelten sie sich ganz dicht aneinander. Doch die erhoffte Gemütlichkeit blieb aus. Mit ihren Stacheln verletzten sie sich gegenseitig. Sie liefen wieder auseinander und jedes Stachelschwein fror allein vor sich hin. Schließlich rückten sie wieder ein wenig näher zusammen „bis sie eine mäßige Entfernung voneinander herausgefunden hatten, in der sie es am besten aushalten konnten – und diese Entfernung nannten sie Höflichkeit und feine Sitte.“

Die Situation der Stachelschweine spiegelt unsere mitmenschliche Situation: Wir alle verhalten uns wie Stachelschweine, drängen uns, von Sehnsucht nach Nähe und Wärme getrieben, aneinander, weil wir ohne die anderen nicht leben können; stören und verletzen uns dabei und rücken wieder voneinander ab. Unsere Stacheln, die einerseits Sicherheit und Schutz verleihen, erzwingen andererseits Abstand. Individualität heißt die Stachelhaut, mit der wir uns umgeben. Schopenhauer deutet in seinem Gleichnis eine Umgangsweise an, die auf gegenseitiger Achtung der Individualität beruht und die altmodische Höflichkeit ebenso meint wie die Wahrung einer notwendigen Distanz.

Wie gelingt es, eine verträgliche Nähe oder Distanz zu schaffen mit Menschen, die sich selbst und anderen das Leben schwer machen? Wer mit Menschen zu tun hat und Schwierigkeiten mit ihnen erlebt – sei es im privaten oder beruflichen Leben –, den geht dieses Thema an. Hier geht es um ihre Entstehungsursachen ebenso wie die praktischen Möglichkeiten ihrer Überwindung. Folgende Fragen stehen zentral: Warum hat man mit manchen Mitmenschen so unüberwindliche Schwierigkeiten? Wie lässt sich das eigentümliche Verhalten schwieriger Menschen erklären? Was muss man beachten? Wovor muss man sich hüten? Kann man einem solchen Menschen helfen? Wie soll man das versuchen? Wie geht man mit schwierigen Menschen um, die einem nahe stehen? Wie bewältigt man Enttäuschungen im Umgang miteinander? Gibt es intelligentere Wege als die Abschottung, die für so viele eine Lösung zu sein scheint? Und: Was kann man im Umgang mit anderen wollen oder erreichen?

Das sind die zentralen Fragen dieses Buches. Es ist eine Forschungsreise, die ins Innere von Menschen, in Lebensstile und Kommunikationsmuster, in Gemütsverfassungen, Abgründe, Aggressionen und Sprachlosigkeiten inmitten von Verhältnissen scheinbarer Harmonie schauen lässt.

Das Thema ist besonders aktuell. Neueste Forschungen der modernen Neurowissenschaften belegen, dass gute zwischenmenschliche Beziehungen nicht nur im Gehirn „abgebildet“ und gespeichert werden, sondern auch die beste und wirksamste „Droge“ gegen seelischen und körperlichen Stress darstellen. Zwischenmenschliche Beziehungen sind das Medium, in dem sich unser seelisches Erleben bewegt und in dem sich körperliche Gesundheit bewahren lässt. Dennoch scheint Menschen heute kaum etwas so schwierig wie der Umgang mit anderen. Die Not und Klage, nicht den richtigen Kontakt zu anderen zu finden, mit ihnen nicht zurecht zu kommen, nicht verstanden oder anerkannt zu werden, scheint geradezu kennzeichnend zu sein für unsere Zeit, die durch eine rasante Zunahme an zwischenmenschlichen Konflikten auffällt. Weshalb der Umgang mit Menschen heute schwieriger geworden ist, hängt mit den gesellschaftlichen Arten und Formen des Zusammenlebens zusammen: Es existieren viele unterschiedliche Wirklichkeiten, Regeln, Konzepte und Moralvorstellungen in ihrer je eigenen Berechtigung. Wir begegnen vielen unbekannten Menschen, und diese sind nicht wie in früheren Zeiten durch Standeseigentümlichkeiten, Traditionen oder andere sichere Merkmale geprägt, an denen wir uns orientieren können. Sie treten uns als Individuen gegenüber mit der ganzen Wucht und Vielfalt, die ihr Anderssein bereithält.

Es gibt aber Wege, um das scheinbar oder tatsächlich Schwierige im anderen zu verstehen und angemessen damit umzugehen. Wer sich im Umgang mit schwierigen Menschen mit der schwer widerlegbaren Diagnose: „Alles Verrückte!" begnügen will, den wird dieses Buch wenig weiterbringen. Ebenso wenig denjenigen, der das außergewöhnliche Glück hat, von lauter angenehmen, charmanten, pflegeleichten Zeitgenossen umgeben zu sein. Wer jedoch den typischen Kopf- oder Magenschmerz, die schlechten Träume, das Grübeln oder den Zweifel am eigenen gesunden Menschenverstand kennt, für den kann dieses Buch hilfreich sein. Es will aufzeigen, wie man schwierige Menschen identifizieren, sie verstehen und mit ihnen auskommen kann.

Schwierige Menschen haben die Eigenschaft, nicht so zu reagieren, wie man es „normalerweise" erwarten dürfte. „Schwierig" ist zunächst einmal die Bewertung aus der eigenen Sicht.

Aus irgendeinem Grund kommen wir mit diesen Menschen nicht klar, unsere alltäglichen Verhaltensweisen greifen nicht, wir geraten an die Grenzen unserer Alltagsweisheit. Man könnte sie natürlich meiden, diese schwierigen Zeitgenossen, die so viel Stress produzieren, dass sie nicht nur sich selbst, sondern auch anderen das Leben schwer machen.

Aber so einfach ist das nicht. Spotten ist leicht, aber oft ist es nur ein kleiner Schritt, der wohlgesonnene, friedfertige Menschen zu intimen Kennern von misstrauischen Kontrolleuren, Giftspritzen, Ekelpaketen, Kotzbrocken, Windbeuteln, – alles wenig schmeichelhaften Attribute – werden lässt, die es schaffen, sogar tolerante Zeitgenossen in wütende Rambos zu verwandeln. Plötzlich gibt es einen Riss im mitmenschlichen Gefüge, das Kriegsbeil wird ausgegraben. Man befindet sich, ehe man sich versieht, in vermintem mitmenschlichem Gelände. Hochschwappende Emotionen, Ratlosigkeit, Verwirrung oder Abschottung sind das Ergebnis.

Wenn man einmal in die Mühlen eines solchen Szenariums geraten ist, schwindet ganz offenkundig die Fähigkeit zur Distanz – auch zu sich selbst. Und die anderen, die Familie, Freunde und Kollegen stehen häufig wie ratlose Zaungäste daneben, nicht wissend ob sie die Sache eher komisch, lächerlich, dumm oder beängstigend finden sollen.

Gelingende Kommunikation hängt nicht nur vom guten Willen ab, sondern auch von der Fähigkeit zu durchschauen und zu verstehen, welche seelischen Vorgänge sich abspielen, wenn zwischenmenschliche Begegnungen entgleisen. Ein vertieftes Verständnis für das Befremdliche, Beängstigende, Verunsichernde hilft nicht nur im Umgang mit schwierigen Menschen. Es bewahrt auch davor, vorschnell abwehrend, verurteilend, entwertend und pathologisierend zu reagieren oder in impulsiver, naiver, emotionaler Weise darauf hereinzufallen.

Eine gesunde Kommunikation gedeiht nur in der Balance von Verständnis, Einfühlung und Abgrenzung. Es besteht nämlich die Gefahr, dass man sich im Umgang mit „Stachelschweinen" selbst eine stachelige Hornhaut anlegt und unzugänglich wird. Oder man gerät ins gegenteilige Verhalten, man reagiert zu dünnhäutig und lässt sich alles unter die Haut gehen. Oder man hält eine Backe zuviel hin und ist der Gelackmeierte. Die Frage der Balance kreist um diese Kunst: Wie gelingt es, eine flexible Haut zu entwickeln, die dünn genug ist, um für die Schwierigkeiten des anderen durchlässig zu sein und dick genug, um nicht selbst davon erfasst zu werden? Es geht also nicht um Tipps und Tricks, wie man andere besser in die Pfanne hauen kann, sondern um die Erweiterung der mitmenschlichen Kompetenzen: „Verstehen, Einfühlen, Abgrenzen", die besonders in schwierigen Situationen helfen, lebendig, kraftvoll und stimmig in Übereinstimmung mit sich selbst und den Belangen der jeweiligen Situation zu reagieren.

Menschen vom Typus „Stachelschwein"

Zwei Kollegen treffen sich. „Guten Tag", sagt der eine, worauf der andere antwortet: „Was meinst du damit?"

Zwei Freundinnen treffen sich. Die eine: „Mir geht's nicht so gut." Die andere: „Das habe ich schon immer gewusst."

Zwei Studenten unterhalten sich. „Was macht deine Diplomarbeit?" Der andere: „Was heißt da: Was sie macht?" „Entschuldige die Nachfrage, bist du mies drauf?" „Mir geht's bestens, nur du nervst mich."

Zwei Nachbarinnen stehen auf der Straße und plaudern. Die eine: „Kannst du mir sagen, wie spät es ist?" Die andere: „Du kannst mir doch gleich sagen, dass du mich loswerden willst."

Harmlose alltägliche Fragen können Anlass zu gewichtigen Missverständnissen sein, wenn man es mit Menschen vom Typus „Stachelschwein" zu tun hat. Es gibt Menschen, die anderen das Leben schwer machen. Menschen, mit denen man nur schwer zurechtkommt. Diesen Typus gibt es vermutlich überall auf der ganzen Welt. Wie häufig und in welcher Ausprägung er vorkommt, darüber scheiden sich die Geister. Optimisten neigen dazu, ihm seltener zu begegnen, nervenschwache Pessimisten scheinen ihn eher anzuziehen. Natürlich gibt es unendlich viele Varianten von „Stachelschweinen" und „stacheligem" Verhalten. Manche sind es von Geburt an, andere werden erst ab dreißig schwierig, und viele, wenn sie krank werden oder wenn sie heiraten. Männer meinen oft, dass Frauen eher dazu neigen, schwierig zu sein. Gibt es mehr Stachelschweine unter den Frauen? Sicher gibt es weibliche Exemplare, die aus puren Stacheln bestehen, doch die gibt es auch bei den männlichen. Meiner Erfahrung nach ist Stacheligkeit ein individuelles Merkmal, dessen Verteilung nicht vom Geschlecht abhängt. Es existieren unendlich viele Varianten, die beide Geschlechter ausgebildet haben, und offenbar kommen immer neue hinzu.

Vielleicht ist es Ihnen schon passiert: Jemand fällt Ihnen ins Wort, weil Sie scheinbar nicht schnell genug denken. Die andere Person realisiert unmittelbar, dass diese Art der Unterbrechung Sie noch mehr bremst. Sie können nicht mehr schlagfertig sein, die Hirntätigkeit ist gebremst – eine Folge der Wirkung des Kampf-Flucht-Hormons Adrenalin. Wenn der andere sich entschuldigt und in Zukunft darauf verzichtet, Sie zu unterbrechen, dann ist das nicht weiter tragisch. Schließlich kann so etwas jedem einmal passieren. Werden Sie hingegen ständig unterbrochen und durch schnelle Einwürfe oder Gegenfragen verunsichert, so finden Sie Ihren Gesprächspartner wahrscheinlich mit der Zeit nur schwer bekömmlich. Sprechen Sie ihn daraufhin an, und er reagiert darauf höchst überrascht oder gekränkt und fährt seine Beziehungsstacheln aus, dann besteht höchste Alarmstufe. Jedenfalls haben Sie neben dieser Person wahrscheinlich wenig zu lachen.

Ein anderes Beispiel: Sie kennen jemanden, der eher misstrauisch eingestellt ist. Bezieht sich sein Misstrauen auf Telefonwerbung, Haustürverkäufer oder auf Angeber und Aufschneider, so werden Sie diese Einstellung wahrscheinlich als sinnvoll und vernünftig einstufen. Immerhin lässt sich dieser Mensch nicht so leicht hereinlegen oder bluffen. Ist diese Person jedoch dauernd misstrauisch und gelingt es ihr nicht mehr zu unterscheiden, wem sie vertrauen kann, und stellt sie selbst das Vertrauen ihrer wohlwollenden Nächsten ständig in Frage, so haben Sie es mit einer schwer umgänglichen Person zu tun, die wahrscheinlich von den meisten als schwierig empfunden wird.

Beide Beispiele zeigen, dass eine Person als schwierig empfunden wird, wenn bestimmte Eigenarten oder Muster festgefahren und dominierend sind. Wenn jemand keine neuen Erfahrungen mehr machen kann, wenn sein Verhalten den Umständen schlecht angepasst ist, so dass die anderen oder die- bzw. derjenige selbst darunter leiden, dann kann man damit rechnen, dass die zwischenmenschliche Begegnung und Kommunikation darunter leidet. Eine Art negative Kommunikation tritt an die Stelle: Ich und Du geraten aneinander oder gehen sich aus dem Weg.

Es ist wichtig zu überprüfen, ob man es wirklich mit einer schwierigen Person zu tun hat. Ich gehe davon aus, dass niemand immer nur schwierig ist, und dass jeder hin und wieder misstrauisch, verbohrt, intolerant, launisch, feindselig, unterwürfig oder ungemütlich sein kann. Mit wem ist schon immer gut Kirschen essen? Wer ist nicht schon einmal mit dem linken Bein aufgestanden? Jeder ist hin und wieder mal in schlechter Tagesform. In diesem Sinn sind wir alle manchmal „schwierig". Deswegen gilt der Satz: Fürchte deinen Nächsten wie dich selbst!

Aber es gibt einen bedeutsamen Unterschied. Das Verhalten schwieriger Menschen ist gewohnheitsmäßig verfestigt und wirkt sich auf fast alle Beziehungen aus. Es hat sich in einem längeren Zeitraum herausgebildet. Es hat sich für diese Personen bewährt, und es hat sich verstärkt. Das ist auch der Grund, warum es beibehalten wird. Schwierige Zeitgenossen werden von der Mehrzahl ihrer Mitmenschen als problematisch empfunden und dies nicht nur gelegentlich, sondern immer wieder oder sogar durchgängig. Offenbar haben schwierige Menschen es schwer, sich mit anderen zu verstehen, ganz gleichgültig wie man ihnen entgegenkommt. Deswegen gilt es zu unterscheiden: Nicht jede Person, die einen schlechten Tag hat, ist ein schwieriger Mensch. Mit einer wirklich schwierigen Person hat man es zu tun, wenn ihr Verhalten so festgefahren ist, dass sie über wenig Flexibilität und Optionen in der Begegnung mit anderen verfügt. Der Psychotherapeut Ernst von Xylander bestätigt diese Auffassung, wenn er davon spricht, dass schwierige Menschen keinen Erfahrungsgewinn machen, wenn sie mit anderen sprechen oder sonst mit ihnen zu tun haben.

Kennen Sie ein „Stachelschwein"?

Der rote Faden, der sich durch die Äußerungen über schwierige Menschen zieht, lautet: Sie reagieren nicht so, wie man es normalerweise erwarten dürfte. Der Umgang mit ihnen fällt nicht leicht, er oder sie ist nicht leicht zu verstehen. Je nach Erfahrung werden sie beschrieben als unberechenbar, schnippisch, aggressiv, chamäleonartig, besserwisserisch, überfreundlich oder unterwürfig. Sie geben keine Antwort, reden in Andeutungen und Halbsätzen oder antworten patzig, ironisch oder zynisch. Statt den anderen „einzuladen" grenzen sie ihn aus. Meist leiden sie unter einer geringen Selbstachtung und können dementsprechend auch wenig Achtung und Einfühlung für ihr Gegenüber aufbringen.

Die Überzeugung, jemand sei schwierig, ist jedoch immer auch eine subjektive Wahrnehmung. Vielleicht haben Sie Mühe mit einer bestimmten Person, während ein anderer sie für tüchtig und hilfsbereit hält. Beide Ansichten mögen richtig sein, denn unsere jeweiligen Erfahrungen mit anderen beruhen auf der eigenen Wahrnehmung, und diese wird durch die individuelle Sinneswahrnehmung und durch die eigene erlebte Beziehungsgeschichte gefiltert. Jeder sieht seine Mitmenschen auf seine ganz persönliche Weise. Es ist daher nur logisch, dass andere Menschen auf ein und dieselbe Person verschieden reagieren.

Mit manchen Menschen ist das Zusammensein angenehm, sie sind offen und zugewandt. Anderen steht man neutral oder lauwarm gegenüber. Wieder andere können einem mit einem Gesichtsausdruck oder einer pampigen Bemerkung den ganzen Tag vermiesen, oder derart auf die Palme bringen, dass man sich fragt: „Sticht mich ein Tier?" – „Wächst mir eine Feder?" Kurzum: Sie erscheinen einem unangenehm, man empfindet sie als abweisend, irritierend, unhöflich, anstrengend – oder eben schwierig.

Die Sprache bringt auf den Begriff, was Sache ist. Siedelt man die Bezeichnungen für schwierige Menschen auf einer Richterskala an, so bewegen sich Aussagen wie die folgenden weit oben: „Seit ich ihn kenne, weiß ich, wie es in der Hölle zugeht." „Ein richtiges Schwein." „Die walzt uns alle nieder." „Diese Wolke in Hosenträgern." „Die bringt mich um meinen Verstand." „Die bläst jeden nieder." „Klugscheißer", „Windsack", „Kotzbrocken", „Fiesling", „Giftmatrone". Hinter Sprachgepflogenheiten verbergen sich allemal Gefühle. Es sind starke Gefühle, die ausdrücken, wie ohnmächtig, hilflos, wütend oder enttäuscht sich die Betroffenen fühlen, wenn sie mit ihren Verständigungsmöglichkeiten scheitern. Weniger drastisch, also mehr im Mittelfeld der Richterskala, lassen sich Äußerungen finden wie: „Eigenbrötler", „Streithammel", „Nörgler", „;Nervensäge", „Biest", „Schlappschwanz". Am unteren Ende der Richterskala spricht man von „Kauz", „Warmduscher", „Weichei", „Gaumentrottel", „Badekappenträger", „Kassenbonprüfer" „Grantler", „Kratzbürste", „Besserwisser", „Schlauberger", „Frühbucher", „Frauenversteher".

Eigenartigerweise sind die Menschen, denen diese Äußerungen zugeschrieben werden, gar nicht so grundlegend verschieden von einem selbst. Sie stammen nicht aus einer fremden Kultur, sprechen keine fremde Sprache. Vielleicht leben sie sogar im engsten Umfeld oder Familienkreis und haben ein anstrengendes Leben gelebt, das sie so werden ließ, wie sie sind. Dennoch fällt es schwer, sich mit ihnen zu verständigen. Und was noch problematischer ist: Was man auch tut und sagt, es scheint immer genau das Verkehrte zu sein. Wenn man A macht, ist es falsch, und wenn man B versucht, leider auch. Das ist das Stachelschwein-Dilemma: Wenn man handelt, geht man in die Falle, wenn man nicht handelt, bleibt man in der Falle.

Man fühlt sich also hilflos und überfordert, wenn man mit Menschen auskommen muss, die irgendwie andersartig, anstrengend, befremdlich, unberechenbar sind.

Wir wissen zwar, dass jeder das Recht hat, anders zu denken und zu fühlen, dass jeder individuell und einzigartig ist, dennoch gibt es Grenzen, an denen die Alltagsweisheit einen im Stich lässt. Das bedeutet nun nicht, dass die sogenannten schwierigen Menschen als eine andere Art von Spezies aufgefasst werden dürfen, mit der wir selbst keine Ähnlichkeit hätten. Nicht nur andere, auch wir selbst können schwierig sein. Um die Angelegenheit aber nicht unnötig kompliziert zu machen, soll es hier um Situationen gehen, die alltäglich sind, in denen einer der beiden Partner offen und gesprächsbereit ist, während sein Gegenüber aus unerklärlichen Gründen nicht ebenso reagieren kann, sondern den Dialog erschwert, blockiert oder verhindert.

Stachelschweine sind nicht anders, nur stacheliger

Menschen lesen immer wieder fasziniert von Donald Ducks rasenden Wutausbrüchen. Viele haben bis heute nicht vergessen, wie Nikita Chruschtschow während einer UNO-Vollversammlung mit seinem Schuh auf sein Pult klopfte. Oder sie erinnern sich mit Wonne an die Sünden von Bill Clinton, der sich als Opfer seiner Liebeslust auf die draufgängerische und verknallte Monica Lewinsky einließ. Aus sicherer Entfernung scheinen solche prickelnden Episoden großen Reiz auf Menschen auszuüben und für Gesprächsstoff zu sorgen. Kleinere oder größere Schwächen anderer würzen den Alltag, sorgen für Unterhaltung, Entlastung und füttern die Sensationslust. Es scheint ein Bedürfnis vorzuliegen, sich an Schwächen, Ausbrüchen und dem Chaos von andern zu ergötzen, auch wenn sie mit Schmerz und Leid einhergehen. Aus der sicheren Distanz wittert man in pikanten Geschichten weitaus eher den Gipfel an Komik als die Abgründe der Tragik.

Ganz anders sieht es aus, wenn man selbst vom „Kuss der Stachelschweine" gestreift wird. So kann ein gut begonnener Tag umkippen, wenn man jemanden trifft, dem man ganz harmlos ein Kompliment schenken will. „Einen hübschen Schal tragen Sie, der gefällt mir ganz besonders", woraufhin sich die solchermaßen mit Worten Beschenkte brüsk abwendet. Ein harmloses Beispiel, möchte man meinen, aber es gibt einen kleinen Stich. Schmerzhafter wird der Stachel, wenn die Freundin, die bei jeder Verabredung zu früh erscheint, darauf hingewiesen wird und sichtlich beleidigt reagiert, so dass man plötzlich selbst Schuldgefühle bekommt. Oder wenn ein Freund, der immer nur das Beste für einen will, einem ein schlechtes Gewissen macht, weil man sich seinen guten Absichten oder Geschenken entzieht.

Reicht es zu behaupten, diese erwähnten „Stacheln" rühren daher, dass Menschen eben verschieden sind? Man braucht sich nur vorzustellen, wie unser Zusammenleben aussähe, wenn es diese unendliche Spannbreite an Verschiedenheiten nicht gäbe. Wir lebten in einem Spiegelkabinett, in dem sich jeder in unendlicher Wiederholung sähe – oder eben nicht einmal sich selbst, weil man nicht wüsste, ob man das Bild oder das Abbild wäre. Es wäre also absurd, die Verschiedenheit nur negativ zu betrachten. Kontakt, Begegnung, Beziehung und gegenseitiges Verstehen werden ja erst möglich, weil wir voneinander verschieden sind. Oft ist es ja gerade die Verschiedenheit, die neue Orientierungen, Herausforderungen und Haltungen ermöglicht. Man kann also einen Menschen, nur weil er anders ist, nicht automatisch einen schwierigen Menschen nennen. Sonst wäre jeder Mensch schwierig. Die Schwierigkeiten lassen sich also nicht aus dem einfachen Anderssein eines anderen erklären.

Diese Schwierigkeiten treten oft gerade da auf, wo man sie am wenigsten erwarten würde. Wer rechnet schon damit, dass er auf Anteilnahme eine Abfuhr erntet? Offenbar geht es darum, dass jemand anders reagiert als wir erwarten würden. Auf Freundlichkeit wird mit Ablehnung, auf Kritik mit Schuldzuweisung, auf Wohlwollen mit Misstrauen, auf Anerkennung mit Gehässigkeit, auf Mitgefühl mit Feindseligkeit reagiert. Kurzum: auf alles in einer überraschenden, unlogisch oder sinnlos erscheinenden Weise. Schwierige Menschen scheinen ihre eigene Logik zu haben, die sie misstrauisch, starrsinnig, unbeirrbar, engstirnig oder verbohrt werden lässt, oder auch so launisch, unberechenbar, überfreundlich, weich und so chamäleonartig, dass man nicht weiß, was man von ihnen halten soll.

Der Umgang mit diesen Schwierigkeiten bedarf Kenntnisse und Fähigkeiten, die man nicht einfach von Natur aus mitbringt. Der gesunde Menschenverstand reicht bei manchen Beziehungsstacheln nicht mehr aus. Was er raten würde, erweist sich als falsch, weil die sonst brauchbare Logik in solchen Situationen offensichtlich keine Geltung mehr besitzt.

Stachelschweine im Kopf

Wer Stachelschweine verstehen will, muss wissen wie das Gehirn arbeitet. Es gibt sozusagen eine Neurobiologie zum Umgang mit Stachelschweinen. Denn man kann nur wissen, was Stachelschweine „anspringen" lässt, wenn man auch etwas von den Vorgängen im Gehirn begreift.

In den letzten Jahrtausenden haben Menschen in Gruppen gelebt. Einhergehend mit dem Gruppendasein hat sich auch das menschliche Gehirn zu dem entwickelt, wie wir es heute in unseren Köpfen tragen. Obwohl es nur drei Pfund wiegt und kaum größer ist als die Faust eines Erwachsenen, bestimmt es, wer und wie wir sind. Dank der Gehirnforschung, die jeden Tag Neues herausfindet, lernen wir es immer besser kennen und verstehen. Zum Beispiel wissen wir, dass etwa 2,5 Millionen Nervenfasern zum Gehirn ziehen und dass etwa 1,5 Millionen Fasern das Gehirn verlassen. In jeder Sekunde kann jede Faser bis zu 300 Impulsen an das Gehirn weitergeben. Die Aufgabe des Gehirns besteht darin, diesen Informationsstrom, der als Input eingeht, in ein sinnvolles Output zu verwandeln. Wenn also ein Stachelschwein von links kommt, sollten wir so schnell wie möglich nach rechts laufen, sonst werden wir zur Beute. Dieses Kunststück verdanken wir unseren Urgroßeltern, von denen wir abstammen.

Heute wissen wir, dass unangenehme Reize in den Mandelkern geleitet und dort erkannt werden. Wenn wir also einem

Menschen mit negativen Emotionen begegnen, leuchtet der Mandelkern auf. Dies bewirkt Abwehr, Furcht oder Angstgefühle und die damit verknüpften sinnvollen Reaktionen wie Puls- und Blutdruckanstieg und erhöhte Muskelspannung, so dass wir uns abgrenzen, kämpfen oder flüchten können. Was immer also an negativen Erfahrungen in den Mandelkern hineingeleitet wird, mobilisiert gleichzeitig negative Gefühle wie Angst, Abwehr, Ablehnung. Das Gegenstück dazu ist das hirninterne Belohnungssystem, das auf angenehme Begegnungen anspricht. Dieses System ist wichtig, weil es uns mit Bewertung und Bedeutung von Erfahrungen versorgt. Es spricht an, wenn wir Menschen treffen, die wir mögen und die uns gefallen oder von denen wir uns in der Zukunft positive Erfahrungen versprechen. Dabei wird tief im Inneren des Gehirns der Botenstoff Dopamin ausgeschüttet, entweder direkt ins Frontalgehirn, das dann besser denken kann, oder in den Nucleus accumbens, der das Dopamin- in ein Opioid-Signal umwandelt und ein angenehmes Gefühl erzeugt. Unter dem Einfluss von Dopamin fallen physische Empfindungen wie Hunger, Durst und Müdigkeit von uns ab. Wir brauchen also keine Drogen: der Austausch mit einem sympathischen Menschen genügt. Der zwischenmenschliche Austausch gehört zum wichtigsten belohnenden Stimulus überhaupt. Ein Grund, weswegen Leute, die viel Nächstenliebe und „Fellpflege" austauschen, schlank sind, weil sie wenig Interesse an Essorgien haben.

Belohnung und Freude sind also auch in neurobiologischer Hinsicht aufs engste mit sozialer Gemeinschaft verknüpft. Menschen, mit denen man positive Erfahrungen verbindet, bleiben auch länger in positiver Erinnerung. Man hat nämlich etwas Spannendes herausgefunden: Positive Emotionen werden im Hippocampus gespeichert, in jenem Teil des Gehirns, der für das Gedächtnis zuständig ist. Im Gedächtnis speichern wir die Bewertungen, und solche Bewertungen sind nicht möglich ohne Vorerfahrungen. Klug ist es also, dafür zu sorgen, dass Begegnungen mit anderen Menschen Vergnügen bereiten. So werden schöne Erfahrungen produziert, gute Erinnerungen gespeichert und das Gedächtnis trainiert. Man wird kreativ, schlagfertig, freundlich, hilfsbereit und lernfähig, und das Gehirn freut sich und bedankt sich dafür mit freundlichen Hormonen.

Stress und Schwierigkeiten mit anderen sind bekanntlich ungünstig für die Aktivierung von Intelligenz und Schlagfertigkeit. Und erst recht für die Kreativität. In der Begegnung mit einem Löwen ist dies sinnvoll, denn da wollen wir nicht kreativ und witzig sein, sondern rennen, was das Zeug hält. Aber im Umgang mit unseren Schwestern und Brüdern ist anderes gefragt. Da geht es nicht darum loszurennen, sondern miteinander klar zu kommen, sich aufeinander ein- und abzustimmen. Gelingt das, dann wird unser Belohnungssystem aktiviert, und wir können wahre Lern- und Lustorgien miteinander erleben.

Stachelschweine, die sich ihren Stress selbst machen und darüber hinaus auch noch andere damit versorgen, treiben den Adrenalinspiegel nach oben. Das bewirkt, dass man nicht mehr nachdenken und geistreich sein kann, es sei denn, man hat ein sehr dickes Fell oder verfügt über einen vierstelligen IQ. Adrenalin stoppt nämlich intelligente Gehirntätigkeiten. Wenn Kampf oder Flucht angesagt sind, würde man sich, so man nachdenkt, nur selbst im Weg stehen. Stachelschweine beherrschen offenbar die Strategie, andere am ruhigen Nachdenken zu hindern: Das gehört offenbar zu dem Kick, den sie brauchen, um ihr eigensinniges Belohnungssystem zu aktivieren.

Über die Entstehung von Kooperation und Nächstenliebe haben sich viele Evolutionsbiologen den Kopf zerbrochen. Ihre Ergebnisse waren für unser Selbstbild nicht gerade schmeichelhaft, dennoch haben sich die meisten daran gewöhnt, sie zu glauben. Unsere egoistischen Gene sollen es sein, die daran schuld sind, dass wir nur nett sind, wenn es sich offensichtlich lohnt. Wir sind also nicht aus Nächstenliebe freundlich und hilfsbereit, sondern aus rein egoistischen Motiven. Wir wollen unsere Gene gut unterbringen und weitergeben, deswegen helfen wir am liebsten unseren Nächsten und Verwandten. Aber wo bleiben die anderen, die Schwierigen, die Schwachen? Ist es nicht deprimierend, dass unsere Nächstenliebe derart kümmerlich motiviert und investiert ist? Zum Glück hat die Hirnforschung herausgefunden, dass unser Belohnungssystem unabhängig von Verwandtschaftsgraden immer dann aktiviert wird, wenn wir kooperativ sind. Dies wiederum verstärkt das Verhalten und führt zu noch mehr Kooperation. Wir sind sogar bereit, auf egoistische, kurzfristige Vorteile zu verzichten, weil unser Gehirn uns dafür mit einer wohltuenden Hormondusche belohnt. Aus der Sicht der Neurobiologie ist die Theorie vom egoistischen Menschen, dem Wolf unter Wölfen, also nicht zutreffend. Für die Liebe zu unseren Mitmenschen, vor allem auch zu den schwierigen unter ihnen, sind wir nicht nur bestens ausgestattet. Wir werden sogar von unserem Gehirn dafür belohnt, wenn wir es mit ihnen aufnehmen und kooperatives Verhalten an den Tag legen. Es lohnt sich also, sich mit schwierigen Zeitgenossen auseinander zu setzen und mit ihnen zu kooperieren. Nicht nur am Geburtstag, Namenstag, an Weihnachten, an Ostern oder am Krankenbett, sondern tagtäglich. Wer begreift, wie sein Belohnungssystem im Gehirn funktioniert, wird seine Nächstenliebe wie einen Muskel trainieren, weil Wohlbehagen, Freude und Gemeinschaft mit anderen aufs engste miteinander verbunden sind.

So bin ich und kann nicht anders

Der Wunsch, menschliches Verhalten zu verstehen und einzuordnen, hat zur Entwicklung von Verhaltensmodellen geführt. Solche Typologien wollten uns glauben machen, Menschen besäßen bestimmte säuberlich unterscheidbare Charaktere. Einer der ersten war Hippokrates, der die Menschen nach der Art ihrer Körperflüssigkeiten klassifizierte, die in ihrem Organismus überwogen. Je nachdem ob Blut, Lymphe, schwarze oder gelbe Galle vorherrschte, teilte er die Menschen in sanguinische, phlegmatische, cholerische oder melancholische Typen ein. Ein Rest dieses Denkens hat seine Spuren in unserer Alltagssprache hinterlassen, beispielsweise wenn wir von cholerischen oder phlegmatischen Menschen sprechen oder wenn wir sagen: „Mir kommt die Galle hoch.“ „Ich könnte Gift und Galle spucken.“ „Mir ist was über die Leber gekrochen.“

Im Laufe der Geschichte haben sich weitere Wissenschaftler um Klassifizierungen von Persönlichkeitstypen bemüht. Zwei der wichtigsten seien hier genannt: der Neuropsychiater Ernst Kretschmer (1925), der der Persönlichkeit physische Merkmale zuordnete, und Fritz Riemann (1969), der mit seinen „Grundformen der Angst“ ein geschlossenes theoretisches Persönlichkeitssystem entwickelte.

Die Gefahr solcher Einteilungen liegt darin, dass man Menschen mit Etiketten versieht und sie in eine Schublade steckt. Jeder Mensch ist jedoch einzigartig und kein Schicksal gleicht dem anderen. Menschen lassen sich nicht in Rubriken unterbringen, deshalb sind Auffassungen – der Mensch sei eben so oder so, ängstlich oder mutig, friedfertig oder aggressiv, ordentlich oder chaotisch, distanziert oder offen – grob verkürzend und nicht haltbar. Der intensiven Lebenslauf- und Alternsforschung verdanken wir heute die Erkenntnis: Menschen verändern sich über die gesamte Lebensspanne hinweg. Menschen sind im Fluss und stehen in Lebensprozessen und Ereignisketten. Anstelle von Charakter oder festgefügter Struktur „So bin ich und kann nicht anders", möchte ich daher von spezifischen Lebensmustern und Lebensstilen sprechen. Je nach Situation probiert jeder Mensch Variationsmöglichkeiten und Spielräume. Es sind nicht die unterschiedlichen Konstellationen an sich, die das Miteinander schwierig machen, sondern die Festlegungen und Einengungen auf sie, die zur Einschränkung der Wahlfreiheit und Flexibilität führen. Diese inneren Festlegungen sind es, die verhindern, dass Menschen sich öffnen und für Neues zugänglich werden. Wer sich nicht mehr berühren, aufrütteln und in Frage stellen lassen kann, gewinnt keine neuen Erfahrungen, Erlebnisse und Sichtweisen. Wenn jemand wie ein Computer auf jeden „input" mit dem gleichen „output" reagiert, dann schrumpft die Lebendigkeit – nicht nur die eigene, sondern auch die Lebendigkeit im Austausch mit anderen.

Das Stachelschwein-Syndrom

Menschen reagieren auf vergleichbare Situationen unterschiedlich. Während der eine wütend wird, zieht ein anderer sich ins Schneckenhaus zurück, oder ein weiterer verteidigt vehement seinen Standpunkt. Ein und dieselbe Situation kann zu Lachen, Empörung, Stillschweigen, Ironie oder Zynismus führen. Dafür gibt es Gründe.

Jeder hat bevorzugte Stile der Beziehungsgestaltung und deren Vermeidung, die ihren lebensgeschichtlichen Hintergrund haben. Wenn ich vom „Stachelschwein-Syndrom" spreche, so meine ich damit das Zusammentreffen einzelner, für sich allein uncharakteristischer Symptome zu einem kennzeichnenden Stil an Beziehungsgestaltung. Gerade im Umgang mit schwierigen Menschen ist es hilfreich, verschiedene Stile zu kennen, um zu verstehen, weshalb Individuen in einer bestimmten Situation entsprechend reagieren.

Es gibt bestimmte Kommunikationsstile, die, wenn sie sich verfestigen, zu Einschränkungen, Kurzsichtigkeit und innerer Starre führen, zu deren Überwindung es von Person zu Person unterschiedlicher Entwicklungsimpulse bedarf. In diesem Sinn werde ich idealtypisch von misstrauischen, kontrollierenden, unnahbaren, bedürftigen, selbstverliebten, mitteilungsfreudigen, intoleranten Menschen sprechen – dies aber im Wissen, dass Menschen einen bestimmten Stil nur selten in Reinkultur verkörpern. Jeder Mensch ist auch in seinen Schwierigkeiten ein spannendes, einzigartiges Gemisch oder Unikum. Deswegen kann keine Beschreibung so umfassend und nuanciert sein, dass sie der Tatsache gerecht wird, dass es in der Regel eher bestimmte Mischungen oder Überlappungen von Stilen sind, die für jemanden in einer bestimmten Situation typisch sind. Dennoch gilt, dass bei Individuen typische Züge und Eigenarten hervorstechen, die sich zu Stilen verdichten, die, wenn sie sich festfahren, zu Einschränkungen und Vermeidungen führen. Die Überwindung dieser starren Muster wäre das Ziel, das zu mehr Flexibilität und Wahlmöglichkeiten beitragen könnte, die entwicklungsfördernd und heilsam wären.

Die Bezeichnung für die verschiedenen Stile habe ich der Alltagssprache entliehen, dort wo sie ihren Ursprung und ihre Wirkung haben. Damit möchte ich ausdrücken, dass es sich nicht um krankhafte Erscheinungen oder Krankheitsbilder handelt, sondern um alltägliche, menschlich-allzumenschliche Eigenarten.

Bei den nun folgenden zehn Kommunikationsstilen habe ich mich auf diejenigen konzentriert, denen ich besonders häufig begegnet bin. Nicht nur, weil sie prägnant und faszinierend sind, sondern auch weil sie sich als Ausgangspunkt für persönliche Auseinandersetzungen und Weiterentwicklung eignen.

1. Dominierend-kontrollierende Stacheln

Haben Sie Schwierigkeiten mit Menschen, die diese Stacheln ausfahren?

1. Sie müssen die Oberhand behalten.
2. Sie brauchen Kontrolle über Menschen und Dinge.
3. Sie wissen, was richtig ist.
4. Sie können nur spontan sein, wenn sie wütend sind.
5. Sie haben Angst vor Veränderungen und Überraschungen.
6. Sie machen sich Sorgen um Dinge, die sie nicht kontrollieren können.
7. Sie müssen immer pünktlich sein.

8. Sie nehmen sich das Recht, in privaten Sachen anderer zu schnüffeln.
9. Sie versagen es sich, sich bedürftig zu zeigen.
10. Sie brauchen strenge Regeln und Prinzipien.

Vielleicht wäre an diesem Tag alles ganz anders gekommen, wenn ich wachsamer zugehört hätte. Aber schwierige Bekanntschaften haben die Eigenschaft, dass sie meist ganz harmlos beginnen. Erst wenn man in der Falle sitzt, stellt man fest, dass man wichtige Signale übergangen hat. Die Sprache meiner Kollegin hätte mich hellhörig machen müssen. „Hast du genügend warme Kleidung dabei? Es soll kühl werden“, meinte sie, als wir ins Auto stiegen, um gemeinsam zu einem Seminar zu fahren. Bei der Ankunft kam auch gleich die nächste Kontrollfrage: „Willst du nicht deinen Mann anrufen, damit er weiß, dass wir gut angekommen sind?“ Als unser Seminar nicht pünktlich begann, fauchte sie: „Das geht entschieden zu weit, schließlich haben wir dafür bezahlt“, woraufhin sie sich vehement bei der Seminarleitung beschwerte. Am nächsten Morgen hatte sie mir einen Platz neben sich reserviert. Da ich ein wenig einsilbig, nachteulenartig am Frühstückstisch saß, befand sie mein Verhalten als „doch ziemlich unvernünftig“. „Man“ bleibt doch nicht so spät auf, wenn „man“ sich auf ein Seminar zu konzentrieren habe. Als sie mir dann beim Mittagessen ein extragroßes Stück Käse auf den Teller legte, weil sie meinte, ich müsse mehr Proteine essen, war ich um eine Erfahrung reicher. Ich wusste schlagartig, wie ungemütlich es sich neben einem Kontrollfreak lebt.

Warum sind Kontrollfreaks so unbeliebt?

Wenn sie nur sich selbst kontrollieren würden, wären sie eher amüsant. Ich erinnere mich, wie ich mich über meine Kollegin stillvergnügt amüsierte und dachte: Immerhin gibt es noch Menschen, die sich anstrengen, immer alles richtig zu machen. Die meisten haben ja eher das gegenteilige Problem. Aber wenn man selbst in dieses Kontroll-Szenario einbezogen wird, dann hört der Spaß auf, und man möchte sich am liebsten wegbeamen. Mit solchen Persönlichkeiten kann man eigentlich nirgendwo hingehen, weil sie immer alles ganz genau wissen – sogar das, wovon sie keine Ahnung haben. Sie wissen, wo man einkauft, wo alles am preiswertesten ist, warum andere krank werden, wie man mit Ämtern umgeht, sich durchsetzt und andere beherrscht. Sie kennen sich aus bei Verdauungsbeschwerden, Schnäppchen, Börsenkursen, Maklergebühren, Mieterschutzgesetzen, Magenbakterien, Fußpilzen. Kurzum: alles, was sie wissen und tun, dient ihrer überragenden Kompetenz in sämtlichen Dingen. Es gibt kaum etwas, was sie nicht beherrschen. Ihre Erkennungsmelodie heißt: „Ich weiß". Selbst im feinen Restaurant beherrschen sie sich und trinken Wasser, weil ein Glas Wein ihre fest gezurrten Kontrollschrauben lockern könnte.

„Ich habe recht und das reicht mir"

Wie süchtig klammern sie sich an die Droge: „Ich habe recht und das reicht mir." Dieses Wissen, was richtig ist, gibt ihrem Leben Sicherheit, Macht und Berechenbarkeit. Würden sie die Droge nur selbst nehmen, wäre es in Ordnung. Da sie aber die anderen ebenso infizieren, machen sie alle „high", aber eben im Sinn von „jeden auf die Palme bringen".

Kontrollsüchtig zu sein ist weit entfernt von dem, was man unter „Übersicht behalten" oder „einen Standpunkt haben" versteht. Winston Churchill, Konrad Adenauer, Willy Brandt – sie hatten ihre festen Überzeugungen, die sie durchgesetzt haben. Sie haben die Welt ein kleines bisschen besser hinterlassen, als sie vorher war. Dominierende Menschen wissen zwar wie man andere mit Appellen auf den Weg der Ordnung, Disziplin und Zweckmäßigkeit bringt „Kannst du nicht endlich mal …?", „Bitte sofort erledigen …!", „Wie kann man nur …!", „Jetzt reicht's ...!", „Nun mach' mal ...!", aber die Welt um sie herum wird dadurch nicht besser oder wärmer. Vor so viel „savoir vivre" im Sinn von „wissen, wo's lang geht" schlagen die anderen bestenfalls die Hacken zusammen oder sorgen für einen eleganten Abgang mit Kommentaren wie: „Ich mache es später", „Nächstes Mal denke ich dran", „Ich werde mich bessern, aber erst mal muss ich auf die Toilette", „Muss erst die Nase putzen".

Es ist die Angst vor dem Kontrollverlust, Unordnung, Veränderungen und Spontaneität, die im Extrem zu einer starren Lebensführung führt, in der alles nach starren Regeln und Planungen verläuft. „Wenn ich alles im Griff habe, dann bin ich wertvoll", lautet die Devise, nach der sie leben, die sich allmählich wandelt zu „Wenn ich alles im Griff habe, dann bin ich im Recht." Dieses vermeintliche „im Recht sein" rechtfertigt dann auch eigene Auslegungen. „Wenn meine Tochter nicht so viele Geheimnisse vor mir hätte, würde ich ja auch nicht ihr Tagebuch oder ihre Briefe lesen müssen. Aber es bleibt mir nichts anderes übrig, wenn ich ihr auf die Schliche kommen will", so eine Mutter, die sich in Abwesenheit der Tochter über deren intimes Leben sachkundig macht. Um ein wenig Sicherheit und Berechenbarkeit in dieses gefährlich-unsichere Leben zu bringen, werden kleine Übergriffe ebenso wie Verletzungen der Privatsphäre anderer als gerechtfertigt angesehen: Die eigenen Bedürfnisse legitimieren dann das „unbefugte Betreten" fremder Schubladen und Verschlusssachen. Typischerweise reagieren die Kontrollierten mit Abwehr: „Lass mich in Ruhe!", „Das geht dich nichts an!", „Misch dich da nicht ein!", statt mit persönlichen Wünschen und Bedürfnissen, die einen fruchtbaren Dialog in Gang bringen könnten.

Wehe, wenn sie die Kontrolle verlieren!

Vielleicht werden kontrollierende Menschen so, weil sie sich selbst als Beispiel vor Augen haben, das Kontrolle verdient? Solches Verhalten entsteht ja nicht, weil Menschen schlecht sind, sondern weil sie unsicher, verletzt oder vom Leben geschlagen wurden. Hinter der Neigung, stark aufzutreten, steckt häufig ein verängstigtes Kind, das gelernt hat, sich mit aller Macht in den Griff kriegen zu müssen, weil es befürchtet, dass sein ganzes Leben zum Schlamassel ausartet, wenn es die Kontrolle verliert. Das gehorsame, brave Kind wächst zum rechtschaffenen Erwachsenen heran, in dessen Seelenleben ein strenges Regime herrscht, das durch die Waffen von Selbstbeherrschung und Unterdrückung regiert wird. All die Regeln, Dogmen und Zwänge mögen ein gewaltiger Selbstschutz sein, oder eine Bastion gegen diese maßlosen, gierigen, chaotischen, unberechenbaren inneren Regungen, die mit aller Gewalt niedergehalten werden müssen. Wehe, wenn sie losgelassen! Die Folgen: Menschen, die ständig unter Druck stehen, die sich selbst und anderen auf der Lauer liegen. Das einzige Vergnügen, das sie sich gönnen, ist die Vorwurfshaltung gegenüber anderen, die inkompetent, unehrlich, dumm oder faul sind. Darüber können sie sich mit wahrer Inbrunst auslassen, weil das ihre Art ist, sich zu beweisen, wie tüchtig, beschlagen und heldenhaft sie selbst ihr Leben meistern. Ihr Leben ist ein ewiger K(r)ampf, weil ihre Ansprüche an sich selbst und andere unerbittlich sind. Wenn die Dinge nicht nach ihrem Willen geschehen, verlieren sie leicht die Geduld. Sie benutzen ihre Wut als Waffe, damit alles so geschieht, wie sie es wollen. Da sie anderen nur wenig zutrauen, fällt es ihnen schwer zu delegieren, lieber erledigen sie alles selbst und ruhen nicht eher, bis sie alles einschließlich ihrer Mitmenschen erledigt haben.

Kontrollfreaks glauben an ihre eigene Diagnose

In der Psychologie werden solche dominierenden Kontrollfreaks auch als A-Typen bezeichnet: Es sind Menschen, die sich ihren Druck nicht nur selbst produzieren, sondern auch an andere weiterreichen. Deswegen ist das Leben an ihrer Seite anstrengend. Ein typischer Satz: „Ich weiß zwar nicht wie man das Problem löst, aber ich weiß genau, was richtig bzw. falsch ist." Sie beharren auf ihren eigenen Urteilen, was aber nicht heißt, dass diese richtig sind.

Sie glauben an ihre eigenen Diagnosen. Meistens wissen sie, was falsch läuft, und meistens sind es die anderen, die nach ihrer Einschätzung schuld oder fehlerhaft sind, weil sie ihnen vorsorglich ihre uneingestandenen eigenen Schwächen unterstellen. Da sie wissen, was und wie alles richtig ist, halten sie es für ihr gutes Recht, die anderen wegen ihrer Schwächen und Fehler zu belehren und „nachzuerziehen". Durchschaut man diese Strategie, dann tappt man nicht mehr so leicht in die Kontrollfalle. Man erkennt, dass es wohl eine Eigenart dieser Persönlichkeiten ist, innere Gerichtsschauplätze nach außen zu verlagern. Deswegen ist es so wichtig, diesen Kommunikationsstil zu erkennen.

Ein Patient meinte: „Ich habe schon drei Therapien hinter mir und zwei Umzüge, aber ich gerate immer wieder an die falschen Leute." Ich fragte ihn, wie er es geschafft hat, drei Therapeuten zu finden, die ihm Recht gaben. Jemandem Recht zu geben, der ohnehin weiß, was richtig ist, ist vergleichbar mit einem Arzt, der seinem alkoholkranken Patienten Alkoholtropfen verabreicht. Die Ehefrau eines bestimmenden Kontrollfreaks, die bei einem seiner abendlichen Rechthabereien um eine Auszeit bat, reagierte hingegen geschickt: „Lass uns eine kurze Pause einlegen. Ich möchte dir einfach sagen, dass ich dich lieb habe." Statt der üblichen Endlosdebatten – wenn man mit jemandem diskutiert, der sich festgebissen hat, dann wird man plötzlich auch stur – war der Dampf im Handumdrehen entwichen. So einfach kann es sein, wenn man aus dem „Ich-bin-richtig-Spiel" aussteigt.

Spielkinder, die alles im Griff haben

Wenn mit Kontrolle tiefe innere Bedürfnisse gestillt werden wollen, so können Menschen mit ihren Glaubensüberzeugungen mitunter sehr weit gehen. Religiöse Fanatiker töten andere oder sich selbst für ihren Glauben. Kinder werden untröstlich, wenn man ihnen den Glauben an den Nikolaus oder an das Christkind nimmt. Frauen treffen sich mit ekelhaften Männern nur um zu beweisen, dass Männer Ekelpakete sind. Innere Überzeugungen geben Orientierung, Halt und Ordnung. Verselbständigen sie sich und werden starr, dogmatisch, fundamentalistisch, dann entgleisen sie zur Sucht. Menschen mit dieser dogmatischen Einstellung müssen in ihrer Kindheit etwas im Übermaß durchgemacht haben. Entweder wurden sie zu früh und zu massiv in ihrer Vitalität kontrolliert. Oder das Gegenteil: Sie wuchsen im emotionalen oder äußeren Chaos auf, in dem es gefährlich war, etwas nicht recht zu machen. Oft sind es Kinder kontrollierender, hyperkritischer oder emotional willkürlicher Eltern. Kinder, die schon von früh an bevormundend genötigt wurden, verlieren ihre Spontaneität, Phantasie und Experimentierlust. Sie gewinnen ihre Sicherheit, indem sie diese vitalen Anlagen unterdrücken. Zeitlebens verharren sie, wenn keine neuen korrigierenden Erfahrungen gemacht werden, auf dem Niveau von Kindern, deren Sicherheit einzig und allein davon abhängt, alles im Griff zu haben, richtig zu sein oder Recht zu haben.

Warum kontrollieren sie, obwohl dieses Verhalten so schlechte Resultate bringt?

- Ihr kindlicher Wille wurde gebrochen. Sie wurden stark diszipliniert.
- Sie haben Angst vor den eigenen unberechenbaren Impulsen.
- Sie unterstellen anderen uneingestandene eigene Impulse.
- Kontrolle und Beherrschung gibt ihnen Sicherheit.
- Sie haben nicht gelernt, mit ihrer Bedürftigkeit umzugehen.
- Ihre Lebenswahl heißt Selbstschutz.
- Sie wissen, wie sie sein sollten, aber nicht wie sie sind.
- Ihr starker Hunger nach Beachtung ist ihnen nicht bewusst.
- Da sie selbst ständig unter Druck stehen, erzeugen sie Stress.
- Was sie anderen vorhalten, halten sie sich selbst vor.

2. Feindselig-aggressive Stacheln

Kennen Sie diese Stacheln? Wer sie überlebt hat, den wirft so leicht nichts mehr aus der Bahn.

1. Sie gehen wegen Kleinigkeiten die Wände hoch.
2. Sie stehen ständig unter Druck.
3. In Gesellschaft befinden sie sich in einer aggressiven Lauerstellung.
4. Sie müssen „oben" sein.
5. Wer sie „runter macht", der wird fertig gemacht.
6. Die Leute sagen über sie: „Sie oder er ist ja ganz nett, aber mach' sie / ihn ja nicht wütend, sonst explodiert sie / er."
7. Sie haben einen Blick für das Fehlerhafte bei anderen.
8. Sie werden immer wieder gebeten, den „Gang herunter zu fahren".
9. Ihnen geht es besser, wenn sie richtig toben.
10. Sie zahlen mit gleicher Münze heim.

Menschen, die sich an ihrem Opfer festbeißen und nicht mehr loslassen können, verhalten sich ähnlich wie Doggen. Bei extremen Doggen-Anfällen verbeißen sie sich derart in eine Person oder ein Thema, dass sie weder in der Lage sind, das Thema wieder loszulassen, noch können sie irgendetwas schlucken, noch sind sie bereit etwas zu verdauen. Ein markantes Beispiel dafür lieferte ein Lehrer. Seine Schüler nannten ihn „den Hosentaschenbombenträger", weil er immer mit angespannten Fäusten in der Hosentasche herumlief. Insgeheim hatten sie sich schon eine Grabinschrift für ihn ausgedacht: „Zwei nimmermüde Hände haben aufgehört zu schlagen." Er liebte es, kleine Bomben auf andere abzuwerfen, ohne eine Reaktion zu erwarten. Jedenfalls verhielt er sich so. Er beleidigte, schimpfte und rastete schon bei kleinen Irritationen unverhältnismäßig aus. Eines Tages gab sein Computer den Geist auf. All seine Arbeiten und Power-Point-Präsentationen waren irgendwo im Cyberspace verloren. Er hatte längst den Punkt der Frustration überschritten. Trotz beharrlichen Scheiterns konnte er nicht einsehen, dass Aufgeben eine stilvolle Angelegenheit sein könnte und allemal gesünder als rasende Wut. Jedenfalls war er gerade dabei, den PC in hohem Bogen aus dem Fenster zu werfen, als eine Schülerin schüchtern eintrat, um ihn daran zu erinnern, dass seine Unterrichtsstunde schon begonnen hätte. Sie hatte ihn schon öfters toben gehört, aber so lautstark noch nie. Die Erklärung, mit der sie sich tröstete, war nicht unklug: „Ich glaube, er hat einfach mehr Tier in sich." Vermutlich waren da in der Tat ein paar überschüssige männliche Hormone mit im Spiel. Da fragt man sich natürlich, woher kommt all diese scheinbar aufgestaute Wut? Ein Psychiater meinte hierzu: „Wutanfälle sind nicht aufgestaut. Im Unterschied zu jemandem, der hin und wieder mal Dampf ablässt, setzen diese Menschen ihre Wut ständig ein, um alltägliche Probleme zu lösen. ‚Aggressivoholics' haben durch jahrelanges Training gelernt, dass Wutanfälle eine Lösung sein können."

Kindliche und erwachsene Feuerköpfe

Es müssen aber nicht große Verfehlungen, Computerabstürze oder Ungerechtigkeiten sein, die zu aggressiven Ausbrüchen führen. Oft genügen schon kleine aberwitzige Bagatellen, die Menschen mit dieser Reaktionsweise an die Decke bringen. Sie sind Kindern nicht unähnlich, die ihren Kopf durchsetzen und von der Eiscreme unbedingt noch eine Extraportion haben wollen. So lange es um Eiscreme und kindliche Feuerköpfe geht, hat man noch einigermaßen wohlwollendes Verständnis. Gerät man aber in ein ausgewachsenes Wutinferno, dann hört der Spaß auf. Erwachsene Hitzköpfe, Choleriker, Streitsüchtige können den Alltag schwer machen, weil sie Angst erzeugen, und weil man weiß: Hier werde ich klein gemacht ... runter gemacht ... nieder gemacht.

Feindselige Aggression ist Ärger, der außer Kontrolle geraten ist und vor allem ein Ziel hat: das Fehlerhafte, Mangelhafte, Unzulängliche beim anderen zu entdecken und entsprechend abschätzig zu behandeln. Die Wurzel des Übels liegt tief: Wer andere entwertet, hält von sich selbst nicht viel und meint, er könne sich selbst veredeln, indem er andere erniedrigt. Meist beginnen solche Attacken mit kleinen Feuerchen „Wie kannst du bloß!“, „Du weißt doch!“, „Geht's noch?“, die sich in Windeseile zu einem wahren Feuerwerk an Erniedrigungen entfachen können: „Du taugst zu nichts!“, „Du bist das Allerletzte!“. Anvisiertes Ziel ist die Herabsetzung des anderen. Manchmal steckt dahinter die verdeckte Botschaft: „Ich brauche Platz!“, oder „Ich brauche Abstand!“. Oft aber geht es einfach darum, Brände zu legen oder „Bomben“ zu deponieren. Es wird verletzt, beleidigt, gedroht und Macht demonstriert, ohne eine Reaktion vom Gegenüber zu erwarten. Das Beeindruckende an diesem Verhalten ist die Geschwindigkeit, mit der diese Hitzköpfe den Siedepunkt erreichen. Weniger hitzig Veranlagte köcheln erst einmal leise verärgert, werden langsam heiß, bevor sie zu brennen beginnen. Echte „Rambos“ kommen rasend schnell zum Siedepunkt. Dann gibt es kein Zurück mehr. Sie beißen sich wie die Bulldoggen an ihrem Opfer fest und lassen nicht mehr los. Sie wählen die Abkürzung und explodieren, bevor der andere überhaupt weiß, wie ihm geschieht und dementsprechend reagieren kann. Menschen mit diesem aggressiven Stil haben in der Regel kurze „Zündschnüre“, und hassen es, abzukühlen. Es genügen Bagatellen, kleine Verfehlungen, Irrtümer, Missverständnisse und ihre Zündschnüre brennen durch. Für sie ist es normal, schnell, heiß und intensiv zu brennen. Wenn sie explodieren, fühlen sie sich lebendig, stark und meinen, ihr Leben so kontrollieren zu können, indem sie andere einschüchtern.

Was sie nicht wahrhaben wollen, ist ihre eigene Angst, die sie zu solchen Übersprungshandlungen treibt. Die Angst ist es, die sie dazu bringt, andere nieder zu machen oder Dinge zu zerstören und Gegenstände zu demolieren. Um diese Angst nachzuvollziehen, braucht man bloß kleine Kinder zu beobachten, die von der Angst getrieben sind. Plötzlich werden sie zu kleinen tobenden Monstern, die ihr Spielzeug zerstören, obwohl sie normalerweise eher friedlich sind.

Großes Aufrüsten bei Kleinigkeiten

Eigentlich ist er ein patenter Kerl, ein Mann in den „besten Jahren". Alle zwei Jahre gönnt er sich eine Reise nach Disneyland, und in seinem Garten tummeln sich niedliche Gartenzwerge. Sobald es aber um den Höhepunkt seines Tages – das Abendessen – geht, versteht er keinen Spaß mehr. Er schreit sich fast die Lunge aus dem Hals, wenn seine Frau ihm das Essen nicht so zubereitet, wie er das von seiner Mutter gewohnt war. Jedes Mal verliert er die Fassung, nennt seine geliebte Frau eine „Sauschlampe" oder ein „Dreckstück" und wirft mit dem Besteck nach ihr. Über die Jahre hat sie sich daran gewöhnt, dass er immer wieder mal „sein Mütchen an ihr kühlen" müsse. Er habe es halt ein wenig an den Nerven, meint sie, aber das käme vom Krieg, fügt sie verständnisvoll hinzu.

Ein anderer Fall: Sie, eine robuste Physiotherapeutin, kam in meine Praxis, nachdem sie „trouble" mit ihrem Mann hatte. Ihre Stimme klang wie weggetreten, als sie dieses englische Wort „trouble" inmitten ihres breiten Dialekts plötzlich aussprach. „Ich musste ihm die Fresse polieren, weil er wieder fern gesehen hat. Ich sehe einfach rot, wenn ‚der' die Glotze anschaltet. Man wäscht doch erst mal das Geschirr, räumt die Wohnung auf und legt die Kleider zurecht, bevor man sich auf die faule Haut legt. Der bringt einfach nichts, schafft nichts – außer vor der Glotze herumzulümmeln. Wenn ich das durchgehen lassen würde, dann wäre ich nur noch sein Putzlumpen."

Von außen mag das Verhalten dieser beiden Personen bösartig und übertrieben aggressiv anmuten, dahinter verbirgt sich jedoch bei beiden die massive Angst, sie können zu kurz kommen und schamlos ausgenutzt werden. Ihre Partner würden sie „unterbuttern", wenn sie nicht ausrasten. Beide waren davon überzeugt, dass nur eine aggressive kontaktvolle Sprache von ihren Partnern verstanden werden könnte, und dass sie kleine Verfehlungen unmittelbar bestrafen müssten. Die Physiotherapeutin hielt sich für gutmütig, was die anderen dazu brächte, sie immer wieder auszunützen. Auf die Frage, wer ihre Gutmütigkeit so missbraucht hatte, fiel ihr niemand ein. Sie gab aber zu, dass sie es meist nicht so weit kommen ließ, weil sie immer schon rechtzeitig „geschlägert" hätte.

Was sie damit ausdrücken wollte, hat sicher seine Berechtigung, denn hinter ihrem kämpferischen Aufrüsten steckt in der Tat eine leicht irritierbare, verletzbare Innenausrüstung, die ihre Geschichte hat. Schon früh wurde sie in ein Kinderheim unter die strenge Obhut von Nonnen gesteckt. Dort wurde sie mit ihrem Temperament immer wieder durch demütigende und gewalttätige Maßnahmen in ihre Grenzen verwiesen. Diese harten Erfahrungen haben Spuren hinterlassen. „Nie wieder macht mich jemand fertig!" lautet das Motto ihres Lebenskampfes.

Hier werden zwei Tendenzen sichtbar: Nach außen hin die Einschüchterung und Herabsetzung ihrer vermeintlichen Gegner, nach innen die Vermeidung jener Gefühle von Schwäche, Unterlegenheit und Verletzlichkeit, die sie zutiefst ablehnt und niemals wieder erleben will. Ihre sensible Wahrnehmung, die ihr in ihrer Berufsrolle als Physiotherapeutin zugute kommt, gerät im ungeschützten Alltagsdschungel zur misstrauischen Lauerstellung. Was ihr nicht bewusst ist: Immer wieder provoziert sie das erwartete Verhalten selbst, indem sie ihren inneren Kriegsschauplatz nach außen verlagert und die Unzulänglichkeiten bei anderen bekämpft, die sie in sich selbst nicht annehmen kann.

Piranhas fressen alles

Wenn ich an das Verhalten mancher Zeitgenossen denke, deren ganzes Verhalten auf Angriff ausgerichtet ist, so fallen mir immer wieder die Piranhas ein. Wenn der Hunger es befiehlt, so fressen sie alles, was ihnen in die Quere kommt. Die physiologische Basis dafür liefert das Kampf-Flucht-Hormon Adrenalin, das mitunter schon bei schwachen Reizen anspringt und sämtliche Hemmschwellen und Sicherungen durchbrennen lässt. Aber auch bei einigen Zeitgenossen rauscht schon bei kleinsten Anlässen dieses Angriffshormon durch die Adern, das ihr Denkvermögen außer Kraft setzt. Es scheint, als hätten auch sie diese Rezeptoren für Friedfertigkeit, Gelassenheit und Einfühlung nicht abbekommen, die sich im Lauf der menschlichen Evolution herausgebildet haben. Wie bei den Piranhas steht auch ihr Leben unter dem Motto „Attacke". Alte Fossilien sind hier am Werk, die in sozialen Situationen je nach Niveau der Partner unterschiedlich aggressiv, einschüchternd oder überwältigend erlebt werden.

Menschen mit dieser archaischen Reaktionsweise können nicht mehr unterscheiden. Wenn sie kritisieren, dann nicht nur das Verhalten des anderen, sondern seine Person als Ganzes, seinen Wert und seine Würde. Da sie ein übermächtiges Bedürfnis haben, sich und anderen zu beweisen, dass ihre Weltsicht die einzig richtige ist, meinen sie, dass es ihnen auch zustehe, anderen vorzuschreiben, wie sie zu sein und was sie zu tun haben. Außerdem haben sie die Angewohnheit zu brüllen, um klarer zu denken. Sie müssen sich durch die Verbreitung von Furcht und Herabsetzung holen, was anderen ihrer Liebenswürdigkeit wegen wie selbstverständlich zufliegt. Die ganz Schlauen unter ihnen teilen sogar gleich vorsorglich aus. Das schafft zwar Ellenbogenfreiheit, aber Ellenbogen machen nicht liebenswürdig. Ihre Opfer reagieren dementsprechend: „Ich konnte kein Wort mehr herausbringen", „Meine Knie haben nur noch gezittert", „Ich dachte, ich breche gleich zusammen", „Das Blut stockte in meinen Adern, ich war wie erstarrt", „Ich dachte, ich bin im falschen Film".

Wenn ihre Sicherungen durchbrennen, schlagen sie zu. Manchmal ziellos, häufig aber auf solche, die schwächer, abhängig oder wehrlos sind. Ich fragte einmal einen als explosiv bekannten Geschäftsleiter, ob er vorher darüber meditiert, wen er als nächsten ins Visier nimmt. Er war dafür bekannt, dass er nicht nur mit seinen Mitarbeitern, sondern auch mit Polizisten, Zöllnern, Parkwächtern und Ausländern in Rage geriet. Er meinte nachdenklich: „Wenn mich jemand nervt." „Nerven" war seine einzige Gefühlskategorie, in die er alles packte: seinen Ärger, seine Wut, seine Ressentiments. Für ihn gab es keine Schattierungen. Zwischentöne wie Gereiztheit, Ärger, Verwirrung, Enttäuschung waren ihm fremd. „Nerven" war das Signal für rasende Wut. Es berechtigte ihn, sich anderer zu bemächtigen, sie nieder zu machen, um ihnen zu zeigen, „wo's lang geht." Für ihn gab es nur „Du nervst!" oder „Es ist alles super!"

„Gefühle zeigt man nicht!"

So lautet immer noch die Botschaft in vielen Familien. Man beherrscht sich. „Wir haben schließlich mehr Stil als diese Gefühlsmenschen", könnte ein Leitsatz dieser Familien sein. Wir erben nicht nur unser genetisches Make-up, sondern stehen auch unter dem Einfluss elterlicher Gefühlskultur. Geht es am häuslichen Herd eher unterkühlt zu, so ist man natürlich nicht sonderlich gut ausgerüstet für den Umgang mit warmen oder heißen Gefühlen. Wer nun das Pech hat, mit etwas mehr Temperament ausgestattet zu sein, als es den Eltern lieb ist, der wird womöglich für Ausgleich sorgen oder sogar etwas überkompensieren. Eine harmlose Variante dieser Überkompensation ist die Vorliebe für aggressive Filme, Szenen oder Geschichten. Aus sicherer Entfernung kann man selbst-schonend daran teilhaben, wie die anderen aufeinander losgehen.

Stichler und Feuerleger

Eine aktivere Version solcher Kompensationen leben die sogenannten „Stichler". Sie lieben es, andere anzustiften oder aufzustacheln, indem sie kleine „Brände" legen und zusehen, wie die anderen heiß laufen. Aus sicherer Distanz beobachten sie dann fasziniert, wie andere sich wie die Kesselflicker streiten. Bei wechselnden Strophen lautet ihr Refrain: Lieber Magengeschwüre verursachen, als selber welche kriegen! Kleine Explosionen bei anderen geben ihnen das Gefühl, lebendig zu sein. Zu Hilfe kommt dabei die Neigung eigene aggressive Strebungen dort auszuleben, wo es selbst-schonend möglich ist: bei den anderen.

Eine weitere Spielart des „Feuerlegens" ist häufig bei Paaren zu finden. Da es peinlich ist, jemanden zu attackieren, den man sich freiwillig als Lebenspartner auserkoren hat, erklärt man ihn eben zum Bösewicht oder Versager, um einen Grund zu haben, ihn berechtigterweise zu demontieren und zu bestrafen. Wenn der vermeintliche Bösewicht sich dann zurückzieht oder sich sogar trennen will, folgen meist endlose Rechtfertigungen und Erklärungen, die als Alibi dienen, warum man so handeln musste. „Es tut mir leid, dass ich so ausgerastet bin, aber du musst verstehen, dass dein Verhalten jeden einigermaßen normal Denkenden rasend macht." Feuerleger spielen mit dem Feuer und häufig verbrennen sie sich selbst dabei, so dass am Ende solcher emotionaler Spasmen oft der Bruch einer Beziehung steht.

Was verbirgt sich hinter diesen aggressiven Stacheln?

- Früh erlebte Beziehungsmuster werden ständig aktualisiert.
- Sie sehen nur den Splitter im Auge des anderen.
- Sie fühlen sich minderwertig.
- Sie müssen in der überlegenen Position sein.
- Sie verhalten sich genauso, wie sie sich fühlen.
- Sie wissen, dass sie unausgeglichen sind, und benutzen ihre Aggression, um ihre innere Not zu therapieren.
- Da sie als Kinder häufig Opfer von Herabsetzungen, Kränkungen und Gewalt waren, haben sie sich Stacheln zugelegt, die all das, was an alte Wunden erinnert, abwehren sollen.

- Ihnen fehlt die Einübung in Selbsterforschung. Ihre Scheinwerfer sind stets nach außen gerichtet, die Innenausleuchtung ist nur schwach.
- Sie müssen oben sein, um ihre Angst vor Herabsetzung zu bearbeiten.
- Ihre Droge „Ich muss oben sein" verhindert die Einfühlung in die Perspektive anderer.
- Sie benutzen ihre Wut, um ihre emotionalen Wunden und Narben versteckt zu halten.

3. Misstrauisch-kritische Stacheln

Kennen Sie Menschen, die diese Stacheln ausfahren?

1. Sie haben ein ausgezeichnetes Gedächtnis für die Fehler und Schwächen anderer.
2. Sie wissen immer, was schief gehen kann.
3. Ihr Sinn für Humor ist sehr beschränkt, wenn es um ihre eigene Person geht.
4. Sie mögen keine Körperberührungen.
5. Sie fühlen sich sehr leicht angegriffen.
6. Vertrauensvolle Menschen halten sie für naiv.
7. Wenn man sie auf Fehler hinweist, sind sie schnell und anhaltend beleidigt.
8. Sie zweifeln an der Loyalität anderer, selbst die ihrer Nächsten.
9. Sie fühlen sich wohl, wenn sie beobachten können.
10. Ihr Lieblingssatz lautet: „Ich weiß."

Kommt Ihnen diese Art von Austausch bekannt vor? „Wie geht es dir?" „Wieso?" „Mich interessiert einfach, wie es dir in deiner neuen Wohnung geht?" „Das geht niemanden was an." „So?" „Wenn ich etwas erzähle, dann wissen es sowieso wieder alle." Ende der Veranstaltung.

Manche kennen diesen Menschentyp als Chef oder als enttäuschten Liebhaber. Gemeinsam ist ihnen, dass sie versuchen das Leben in den Griff zu bekommen, indem sie andere, die nicht in ihr Weltbild passen, bis zur emotionalen Erschöpfung fertig machen und kritisieren.

In diesem Beispiel finden wir eine Person, die übertrieben misstrauisch ist. Nicht einmal die simple Frage nach ihrem Befinden ist für sie beantwortbar, ohne dass sie schnippische Rückfragen stellt. Sie spricht in Halbsätzen, die ihr Gegenüber mehr ausklammern als informieren, und gibt nichts Persönliches preis, denn da lägen ja Ansatzpunkte für ihr Gegenüber, es ihr „heimzuzahlen". Sie verhält sich so, als würde sie mit dieser banalen Frage angegriffen werden, und interpretiert nicht nur misstrauisch, sondern auch abwertend: „Dann wissen es wieder alle." So gerät jedes Gespräch in zweierlei Hinsicht auf eine schiefe Ebene. Erstens neigt das Misstrauen dazu, sich als Prophezeiung selbst zu erfüllen, zweitens neigt der Zirkel von Verdächtigung und Heruntermachen zur Selbstverstärkung. Das ist Gift für die Selbstachtung.

Mit misstrauischen Mitmenschen ist nicht gut Kirschen essen

Wenn man professionell mit ihnen zu tun hat, fällt es leichter, ihr Misstrauen nicht allzu persönlich zu nehmen, sondern als ein Symptom wie Schnupfen, Kopfschmerzen oder Übelkeit zu behandeln. Handelt es sich um eine nahestehende Person, so fällt es bedeutend schwerer, dieses Symptom zu ignorieren. Misstrauische geben zwar Geschenke, aber mit fordernder Hand: Wie ich dir, so du mir. Geben sie, so liefern sie die Rechnung gleich mit. Wenn der andere nicht zahlt, dann gerät er in eine Schuld für eine Leistung, die er gar nicht verlangt hat. So beginnt das Anschuldigen wegen enttäuschtem Vertrauen, das nichts anderes als die Wut darüber ist, dass man sich selbst getäuscht hat. Sie halten an ihren Klagen fest und verschließen ihre Seelen. Wer nicht mehr vertrauen kann, lebt in geistiger Gefangenschaft, in starren, festgefahrenen Welten, in denen nichts Neues mehr geschieht.

Man erkennt es schon von ferne an dem abfällig-wegwerfenden Ton, in dem sie von anderen reden. Man hört ihn, wenn die anderen nur Geldgierige, Dummköpfe, Schlampen oder Schurken sind. Und man sieht es im Gesichtsausdruck, charakterisiert durch eine Anspannung der Unterlider, als würden die Augen sagen: „Was willst du wieder von mir? Bleib mir vom Leibe! Was passiert denn jetzt schon wieder?"

Worum es ihr ginge, frage ich eine Frau: „Ich sehe die Welt eben durch die Lupe, wenn man nahe genug herangeht, findet man immer was." Sie gestand, dass diese zynische Lebensart ziemlich anstrengend sei, aber sie sei nur noch im Kopf enttäuscht, die Gefühle habe sie längst abgestellt.

Misstrauen erntet, was es sät

Obwohl misstrauische Menschen äußerst großzügig sind im Verteilen von Stichen, erkennt man sie am sichersten daran, dass sie selbst überempfindlich auf jegliche Art von Kritik reagieren. Das Tragische am Misstrauen ist, dass es genau das erntet, was es sät. Wer anderen schlechte Absichten, Täuschung oder Vertrauensbruch unterstellt, wird am Ende wirklich Ablehnung, Täuschung oder Feindschaft hervorrufen. Oft ganz einfach deswegen, weil man derart genug bekommt von diesen Hintergedanken, Unterstellungen und Missverständnissen, dass man sich resigniert zurückzieht oder entzieht.

Eine Sentenz von Robert Gernhardt bringt das Misstrauens-Dilemma auf den Punkt: „Die schärfsten Kritiker der Elche waren früher selber welche!" Durch Misstrauen weckt man kein Vertrauen, weil jeder ahnt, dass Menschen nur misstrauisch werden, weil sie sich selbst als Beispiel vor Augen haben, das Misstrauen verdient. Sie selbst sind der Beweis für die Berechtigung von Misstrauen. Wer anderen nicht über den Weg traut, reduziert nämlich auch für sich selbst den Anspruch, vertrauenswürdig und wahrhaftig zu sein. Deswegen überrascht es nicht, dass misstrauische Menschen eher zu Vertrauensbrüchen neigen, wenn sie damit rechnen, nicht erwischt zu werden. Auch wenn es auf den ersten Blick nicht so aussieht: Täuschung und Misstrauen sind nur die beiden Seiten einer Medaille. Sie sind immer aufeinander bezogen.

Schlecht eingestellte Alarmanlagen

Unsere uralten Instinkte warnen uns vor Menschen, die einen nicht anschauen oder beim Sprechen plötzlich die Augen abwenden. Wir gehen unbewusst auf Abstand. Das Signal Misstrauen entzweit Menschen und verhindert Kooperation. Nichts zerstört das Zusammenleben mehr als die Logik des Misstrauens. Wo sie herrscht, sind Wohlwollen und Vertrauensbeweise sinnlos. In der Welt des Vertrauens herrscht Wohlwollen, Leichtigkeit, Humor, Gemüt und Großzügigkeit. Die Welt des Misstrauens ist eine kalte, unbequeme, starre, tierisch ernste Welt, die kaum Genuss, Lust und Lachen kennt und vor allem enorm anstrengend ist, weil sie Druck erzeugt. Eine Welt mit schlecht eingestellten Alarmanlagen, die schon beim leisesten Verdacht ausgelöst werden. Misstrauische Personen würden wahrscheinlich auch im Paradies Verdacht schöpfen.

Wie Misstrauen zu Stacheln wird

Steuerfahnder, Polizisten, Zöllner haben es zu ihrem Beruf gemacht, misstrauisch zu sein. Sie haben so oft damit Erfolg gehabt, dass sie gar nicht anders können. Bei Kindern ist es umgekehrt. Zunächst einmal vertrauen sie ihren Eltern blind. Als Heranwachsende, wenn sie zu entdecken beginnen, dass ihre Eltern auch die Fähigkeit besitzen, Fehler zu machen, ändert sich die Situation fundamental. Die Eltern werden vom Thron gestoßen und plötzlich mit kritischen, misstrauischen Augen verfolgt. Aus Göttern werden schlagartig normale Sterbliche. Die meisten Eltern überleben diesen Sturz, und wenn alles gut läuft, ist dies ein vorübergehender Zustand, der irgendwann in die realistische Erkenntnis mündet, dass Eltern beides verkörpern: Stärken und Schwächen.

Wird dieser überkritische, adoleszente Zustand chronisch und nicht umgewandelt in eigenes Selbstwertgefühl und Neugier auf neue Erfahrungen, dann hat man das beste Zeug für eine Karriere als misstrauischer „Stacheligel". Der Nachteil dieser Laufbahn: Man lernt wenig und vor allem nichts Neues, weil das Gehirn ständig auf Alarm und Verteidigung eingestellt und daher besetzt ist. Außerdem hat man es schwer mit neuen Ideen, mit anderen und fremden Menschen, weil man sich auf ihre Fehler und Schwächen konzentriert und ständig auf der Hut sein muss.

Kreativitätsdefizit

Am meisten leidet darunter die Kreativität. Kreativ zu sein setzt voraus, offen, flexibel, neugierig auf das Leben reagieren zu können. Misstrauische Menschen haben ein Kreativitätsdefizit. Da ihre Antennen auf Selbstschutz eingestellt sind, fehlt ihnen die Geschmeidigkeit und Einfühlung im Umgang mit anderen. Das angestrengte Belauern verursacht nicht nur Rückenschmerzen, weil man sich ständig in Alarmbereitschaft aufrecht hält. Es macht auch steif und verklemmt, so dass die kreativen Säfte nicht fließen können. Kreativ sein hieße, eine bessere Welt zu wollen. Misstrauisch sein heißt, mit einer Welt fertig zu werden, die man als feindselig und bedrohlich empfindet. Misstrauen pervertiert die normale Bereitschaft zur Umsicht und Vorsicht in eine Form der Selbstvergewaltigung, weil sie alles und jeden als potentiell gefährlich analysiert und behandelt.

Misstrauen macht einsam

Je länger man diesen Lebensstil praktiziert, desto intensiver und unangenehmer wird er. Bei manchen Menschen verschlimmert er sich im Alter. Das sind diese alten Menschen mit den bitteren und zynischen Zügen um den Mund, die meinen, ihr Hund sei doch der beste Freund. Misstrauen macht einsam. Da hilft auch nicht die Genugtuung, man sei realistisch oder das eigene Denken sei korrekt, weil man die Probleme und Schwächen anderer als Bestätigung dafür empfindet.

Wohlwollende Menschen sehen die Probleme und Schwächen anderer als Chancen des Wachstums, der Auseinandersetzung und der Vertiefung der Beziehung. Beide wollen Recht haben und beide vereinfachen ihre Weltsicht. Nur: Der Schaden, der aus Wohlwollen entstehen könnte, ist erheblich geringer als der aus permanentem Misstrauen.

Was sind die Hintergründe dieser Lauerhaltung?

- Ihre Wahl ist Selbstschutz, hinter der eine tiefe Lebensenttäuschung steckt.
- Sie sind stecken geblieben in der adoleszenten Kritiksucht gegenüber den Fehlern der Eltern.
- Sie füllen ihre emotionale Leere mit Misstrauen und Kritik an anderen.
- Hinter ihrer Fassade von Stärke fühlen sie sich in Wirklichkeit klein und verletzlich.
- Da sie mit Negativem rechnen, produzieren sie es.
- Die Berechtigung ihres Misstrauens liegt vor allem in ihnen selbst.
- Da sie anderen nicht über den Weg trauen, sind sie auch selbst nicht vertrauenswürdig.
- Sie müssen Feinde finden, um sich in ihrem Misstrauen gerechtfertigt zu fühlen.
- Sie leiden an einem Kreativitätsdefizit.
- Statt auf Lösungen ist ihr Blick auf Probleme gerichtet.

4. Wortkarg-unnahbare Stacheln

Haben Sie Erfahrung mit Menschen, die Sie an eine Auster erinnern? Kennen Sie Personen, auf die folgendes zutrifft?

1. Sie entziehen sich.
2. Sie verweigern ihre Kooperation.
3. Ihr Lieblingssatz heißt: „Ich weiß nicht."
4. Sie schweigen besonders bei Konflikten.
5. Sie schweigen, wenn sie wütend oder ängstlich sind.
6. Sie fühlen sich leicht verunsichert.
7. Sie fühlen sich leicht angegriffen.
8. Sie werden nervös, wenn andere ihnen zu nahe kommen.
9. Sie lassen andere auflaufen.
10. Ihr Mantra lautet: „Ich kann nicht."

Ein typischer Dialog mit einer schweigsamen „Auster": „Wie war dein Urlaub?" – „Ok." – „Hast du dich gut erholt?" – „Es geht." – „Magst du nicht darüber reden?" – „Doch, wieso?" – „Dann erzähl doch mal." – „Weiß nicht." Also schweigt man und sagt lieber nichts mehr, sonst heißt es nachher nur wieder, man hätte zuviel geredet.

Solche Dialoge können recht mühsam sein, vor allem für denjenigen, der auf eine Reaktion hofft und gerade noch ein paar spärliche Brocken, Wortfetzen, Kürzel, ja und nein oder eben Schweigen zurückerhält. Wortkarge oder Schweiger sind Menschen, die gerade dann dicht machen, wenn von ihnen eine Reaktion oder eine Antwort erwartet wird. Ihr Mitteilungsbedürfnis gleicht dem eines Karpfens. Mehr als zwei Bemerkungen pro Stunde gelten als geschwätzig und stören die karge Grundbefindlichkeit. Vor allem in schwierigen Situationen, bei Herausforderungen, Entscheidungen oder wenn ihre Meinung gefragt ist, machen sie wie eine Auster dicht. Deswegen wirken die Reaktionen auf wortkarge Zeitgenossen so ohnmächtig und hilflos. „Man kommt nicht heran an sie/ihn", „Sie/er ist wie ein

Fisch", „Wie ein Kühlschrank", „Man kann mit ihr nicht warm werden", „Ich weiß nicht, wie ich mit ihr/ihm dran bin". So oder ähnlich sind die Reaktionen auf Menschen, deren Kommunikationsstil durch Unnahbarkeit und Schweigsamkeit gekennzeichnet ist. Mit ihnen zu tun zu haben, ist zwar nicht so beängstigend und bedrohlich wie mit aggressiven Rambos, aber es geht an die Nerven, irritiert, erschöpft, oder wie jemand es ausdrückte: „Es macht mich regelrecht verrückt."

Zuviel oder zu wenig Nähe und Distanz

Wie kommen Menschen dazu, eine derart abweisende, rätselhafte Strategie zu wählen? Im einfachen Fall mag derjenige die Erfahrung gemacht haben, dass man ihn nicht genügend beachtet, nicht direkt angesprochen oder angeschaut hat, ihn „wund geschwiegen" oder ihn abgelehnt hat. Diesem Mangel an einfühlender Ansprache und Austausch begegnet er, indem er seine Kontaktfühler zurückzieht. Nach dem Motto: „Wenn du nicht mit mir kommunizierst, dann ziehe ich mich in mein Schneckenhaus zurück." Die dahinter steckende seelische Haltung heißt: „Ich bin unwichtig. Niemand interessiert sich für mich, also mache ich dicht, dass niemand an mich herankommen kann." Wer niemanden an sich herankommen lässt, schneidet sich auch von der eigenen Gefühlswelt ab, bis er schließlich selbst nicht mehr weiß, was in ihm vorgeht. Und wenn er es wüsste, ginge es niemanden etwas an, weil er mit Resonanz ohnehin nicht umgehen könnte. Seine Kapazität, mit Nähe umzugehen, ist dementsprechend geschrumpft, deswegen machen ihm Näheangebote Angst. Obwohl er sich nach Nähe sehnt, ist sie für ihn bedrohlich. Erinnert sie doch an alte Schmerzen des Nicht-gesehen- und Nicht-gehört-Werdens. Im Schweigen fühlt er sich sicher wie eine Muschel, die ihr verletzliches Inneres durch eine harte Schale verschlossen hält.

Ähnlich zu entschlüsseln ist das Dichtmachen derer, die durch ein Zuviel an verbaler Überflutung in ihren eigenen Ausdrucksmöglichkeiten erstickt wurden. Kinder, die dem mitteilungs- und wiederholungsfreudigen elterlichen Wortschwall ungeschützt ausgesetzt sind, bauen oft instinktiv Filter ein, mit denen sie dicht machen. Kinder haben dieser verbalen Invasion nur den Rückzug in trotziges Schweigen entgegenzusetzen. Ihre Schutzwälle, die sie so unnahbar erscheinen lassen, ermöglichen ihnen wenigstens ein Stück ungestörtes Eigenleben, das nicht niedergewalzt werden kann. Wohlweislich haben sie früh gelernt sich abzuschotten, wenn man ihnen zu nahe auf den Pelz rückt. So bleibt ihnen wenigstens ein sicherer Ort des Eigensinns in einer von Sprechblasen beherrschten Welt.

Abstandhalter und Waffenträger

Das Spektrum an Schweigern ist vielfältig und nicht nur unangenehm. Es gibt in der Tat ruhige Zeitgenossen, deren Klugheit es gebietet, andere sprechen zu lassen, weil ihnen nichts Gescheites oder Relevantes einfällt. Oder andere, die derart zur Höflichkeit erzogen sind, dass sie nur reden, wenn sie wirklich etwas zu sagen haben. Andere wiederum sind Experten im Zuhören und geben ihrem Gegenüber das Gefühl, völlig präsent zu sein, obwohl sie kaum etwas von sich preisgeben. Dann gibt es die selektiven Schweiger, die nur dann schweigen, wenn es um ihre persönlichen Gefühle und Regungen geht. Oder die „Abstandhalter", die jedes Gespräch, das Nähe aufkommen lässt, durch Schweigen ersticken. Und die Heimspieler, die jedes Gespräch, das für ihre eigenen Belange uninteressant und bedeutungslos ist und daher nicht zum Heimspiel taugt, zum Verstummen bringen. Man merkt es an der eigenen Reaktion, während man spricht. Man möchte nur noch abbrechen und schweigen, weil man ohnehin keine Resonanz erhält.

Ob jemand nun weise, zurückhaltend, scheu oder einfach sprachlich unbeholfen oder ungeübt ist, erkennt man an den Antworten, wenn man diese Personen aus ihren Schneckenhäusern lockt. Sie werden auf direkte Fragen mehr oder weniger eloquent antworten. Während die schwierigen „Fische" ihr Schweigen als Waffe einsetzen, um sich Vorteile zu verschaffen. Sie haben gelernt, dass Nicht-Reagieren ein machtvolles Mittel sein kann, um andere zu manipulieren, zu kontrollieren, lächerlich zu machen, oder um sich aus der Verantwortung zu entziehen. Susanne, ein 15-jähriger Teenager, die das Telefon der Eltern stundenlang für Hausaufgabengespräche blockierte, wusste natürlich, dass sie ein mittelschweres Donnerwetter zu erwarten hatte. Sie wollte nicht lügen, also schwieg sie eisern. Sie wusste instinktiv, wenn sie nichts sagt, würden ihre Eltern ungefähr doppelt so viel reden. „Wenn sie mich genügend vollgetextet haben, dann sind sie sowieso fertig und die Sache ist erst mal erledigt", meint sie – bis zum nächsten Mal.

Klappe dicht!

Für andere liegt der Reiz des gezielten „Klappehaltens" in der Ausübung passiver Aggression. Es gibt kaum ein sicheres und effektiveres Mittel andere zu verletzen, zu demontieren und auflaufen zu lassen, als demonstrativ zu schweigen: Der eine der beiden Partner läuft heiß, wird immer lauter und heftiger, seine Gesichtszüge entgleiten und die Würde bröckelt, während der andere mit kaltem „Pokerface" wie ein Fels in der Brandung scheinbar unbeteiligt vor sich hinstarrt. Als Filmszenen sind solche Kontakte in ihrer Dramatik kaum zu übertreffen. Aber im Alltag entbehren sie nicht einer gewissen Tragik, die mitunter zu gefährlichen Ausbrüchen führen kann. Als makabres Beispiel dafür denke ich an den Mann, der seine schweigsame Frau unter die knallheiße Dusche stellte, „damit sie endlich reden würde". Und ein anderes Mal hob er sie kurzer Hand in die kalte Badewanne, um ihr unmissverständlich klar zu machen, dass er sich ihrer schweigenden Kälte nur durch eine „Kneippsche Behandlung" gewachsen fühle.

Sich „wegbeamen"

Es gibt Menschen, die das Abschotten wählen, um sich „unsichtbar zu machen". Wer sich äußert, zeigt sich und wird präsent, greifbar und angreifbar. Gedanken, Gefühle und Haltungen werden sinnlich wahrnehmbar, überprüfbar und kontrollierbar. Man wird prägnant und bekommt Konturen für sich selbst und für die anderen. Wer einen Standpunkt bezieht, kann zur Rechenschaft gezogen und haftbar gemacht werden. Wie viel sicherer ist es hingegen, den Mund zu halten, sich herauszuhalten und den anderen die Führung zu überlassen. Sie sollen Stellung beziehen, die drückende Stille überbrücken und für den Fortgang des Gesprächs sorgen. So ist man fein heraus, weder festzunageln noch einzuordnen, weder warm noch kalt. Alle Optionen sind offen. Der andere soll sich seinen Reim daraus machen. Und dieser fragt sich nun: Ist die Person ärgerlich? Hat sie Sorgen? Ist sie schüchtern? Oder hat sie einfach nichts zu sagen? Fragen, auf die es keine Antworten gibt. Außer einer: Schweigen. Es sei denn, man schafft es, einen Schweiger aus der Reserve zu locken.

Nichts gesagt ist genug gelobt!

Das zentrale Problem dieser schweigsamen, unnahbaren Stacheln, ist die Hilflosigkeit und Ratlosigkeit, in die man gerät, die jeden Dialog so mühsam machen. Da das Schweigen alles offen lässt, tappt man im Dunklen und wird unsicher. Man fragt sich, ist es ein aggressives, feindseliges, beredtes, angstvolles, oder schüchternes Schweigen? Meist erhält man dann zur Antwort: „Ich weiß nicht." Kann dieser „Fisch" nicht oder will er nicht? Versucht er Macht auszuüben oder ist sein Verhalten lediglich der Spiegel seiner eigenen Gefühle von Ohnmacht? Oder will er mich verhungern lassen, so nach dem schwäbischen Motto: „Nichts gesagt, ist genug gelobt."?

Schweigen ist vieldeutig, und unterschiedlich interpretierbar je nach Situation, Kontext, Zeitpunkt und Individuum. Selbst wenn man sich auf die Körpersignale dieser „Fische“ verlässt, so kann man sich ziemlich irren und die ohnehin verzwickte Einbahnstraßen-Kommunikation noch weiter komplizieren, indem man beispielsweise Zeichen für Ärger als Schüchternheit oder umgekehrt deutet. Ein Abgrund an Missverständnissen, der sich da auftut, wenn man sich um einen „Fisch“ bemüht. Ich frage zwei Kinder, die mit ihrem von ihnen als „maulfaul“ charakterisierten Vater, der nun getrennt von ihnen lebt, den letzten Sonntag verbrachten: „Ein Drittel war Fernsehen, ein Drittel war Süßigkeiten und ein Drittel war Auto fahren.“

Was lässt Menschen eine Karriere als unnahbare Austern machen?

- Sie erhielten zu wenig Beachtung.
- Sie wurden mit Worten niedergewalzt.
- Sie fühlen sich unwichtig und uninteressant.
- Sie „machen sich weg“.
- Sie haben Angst, Konturen anzunehmen oder Entscheidungen zu fällen.
- Sie schützen sich durch Schweigemauern.
- Sie verschaffen sich Sicherheit durch Flucht.
- Sie wehren sich passiv-aggressiv.
- Sie wissen oft selbst nicht, was in ihnen vorgeht.
- Gefühle zeigen heißt für sie, ausgeliefert zu sein.

5. Nett-verklärende Stacheln

Kennen Sie diese supernetten Zeitgenossen, deren Stacheln so schwierig zu durchschauen sind?

1. Sie finden so vieles nett.
2. Bei ihnen gibt es kein Kräftemessen, keine Zerreißproben oder Fehden.

3. Sie gehen Konflikten aus dem Weg.
4. Sie reden alles schön.
5. Bei ihnen ist alles harmonisch.
6. Wenn sie in Schwierigkeiten geraten, berufen sie sich auf ihre Unzulänglichkeiten.
7. Sie beherrschen den Gebrauch des Konjunktivs („Ich würde", „Ich könnte", „Ich hätte").
8. „Ich kann nicht (anders)", ist ihre Lieblingsentschuldigung.
9. Sie glauben an ihre eigenen Entschuldigungen.
10. Sie sind davon überzeugt, dass sie nicht können, weil sie von den Eltern nicht genügend gefördert oder geliebt wurden.

„Sie war immer so nett, so hilfsbereit, so verständnisvoll und hat mir alles Mögliche versprochen", erzählt eine junge Lehrerin über ihre sogenannte beste Freundin, „bis ich dann einmal wirklich ihre Hilfe brauchte. Dann hatte sie plötzlich keine Zeit oder musste gerade irgendwo einen wichtigen Besuch machen. Wenn sie wenigstens nicht so gesülzt hätte, mit diesem zuckersüßen ‚wie gern hätte ich dir geholfen, aber im Moment ist es eben zufällig ungünstig, aber das nächste Mal bin ich sicher für dich da', dann wäre ich wahrscheinlich nicht so wütend geworden." Sie fährt fort: „Jedes Mal, wenn ich sie anrufe, erklärt sie mir, dass sie mich auch gerade in diesem Moment anrufen wollte. Nun sei ich ihr eben wieder zuvorgekommen." Und dieses „Zuvorkommen" zieht sich durch ihre Freundschaft seit sie denken kann. Tatsache ist, dass ihre Freundin eine Meisterin im Nettreden ist, aber wenn es um Taten geht oder um die Einsicht: „Hier bin ich dran, hier bin ich gefordert", dann wird es merkwürdig still um sie.

Zu nett, um wahr zu sein

Diese zuvorkommenden, netten Zeitgenossen können in der Tat für andere schwierig sein, weil sie eine Teflonstruktur haben, an der alles abgleitet. Diese Oberfläche macht sie glatt, unkritisierbar und nicht greifbar. Mit ihnen wird es zwar nicht peinlich, sie konfrontieren auch nicht mit Überzeugungen. Sie verstehen es, sich wundervoll anzupassen. Allerdings entsteht so auch zuverlässig große Langeweile oder zumindest wenig intellektueller Spaß. Nettigkeit mag biedere Funktionen haben, aber auch niedere. Durch ihr glattes Verhalten versprechen sie mehr, als sie bereit sind einzulösen. Ihre angenehme Fassade, die sie wie ein Schutzschild vor sich her tragen, täuscht. Ihre Zuneigungswilligkeit hat etwas Doppelbödiges, weil sie einerseits die Distanz zwischen sich und der Welt wegreden und andererseits keine wahre Nähe aufkommen lassen. Man spürt instinktiv: „Zu nett, um wahr zu sein."

„Ich kann ihr einfach nicht böse sein, obwohl sie mich immer wieder fallen lässt", beschreibt eine Betroffene die Falle, in die sie immer wieder tappt. Bezeichnenderweise gibt es bei diesen Menschen, die einfach immer nett sind, die alles schön reden und mit einer entwaffnenden Freundlichkeit auftreten, auch keine echten Auseinandersetzungen, keine Zerreißproben, kein Kräftemessen. Sie verstecken sich hinter einem Paravent aus Höflichkeit, Nettreden und Verklärungsvokabeln, als fürchten sie Aggressionen auf sich zu ziehen, wenn sie nicht ständig mit ihrer wohlmeinenden Freundlichkeit auftreten. Man gewinnt den Eindruck, dass sie, obwohl sie zugewandt wirken, nur um sich selbst kreisen und sich vor Außenreizen und der Anstrengung, sich auf andere einzulassen, schützen. Dieses Harmoniebedürfnis sorgt dafür, dass jeder Angriff auf diese Abschottung ins Leere greift. Sie lassen sich weder angreifen noch wirklich ergreifen. Man bekommt sie nicht zu fassen.

Geben, nehmen und nochmals nehmen

„Sie ist doch so lieb", sagt die Mutter über ihre erwachsene Tochter. Das lässt aufhorchen. Bei Kindern lässt man sich solch ein Attribut allenfalls gefallen. Bei älteren Exemplaren klingt das ein wenig nach unverdauter Zuckerwatte, denn hinter dieser lieben Fassade verbirgt sich häufig ein zäher Durchsetzungswille. Eine Form von Macht, die nicht leicht zu durchschauen ist, wenn da nicht dieser nagende Zweifel wäre: Warum hält sie sich immer heraus? Warum so viele Nettigkeiten? Was steckt hinter diesen netten Worten? Oder ist sie vielleicht doch die liebenswerte Heldin in einer Welt zunehmender Unsicherheit?

Es kommt auf die Dosis an: Es gibt wohl keinen Menschen, der nicht gemocht und anerkannt werden will. Unser aller Selbstgefühl hängt von der Bestätigung durch das Gefühl ab, geliebt oder zumindest gemocht zu werden. Unterschiedlich ist die Stärke dieses Bedürfnisses und unterschiedlich ist das Maß, in welchem Menschen es sich zugestehen. Bei den meisten liegt die Liebesenergie unter einer ruhigen Oberfläche und wie bei einem Geysir kommt sie gelegentlich zum Ausbruch. Wenn sie aber chronisch die Oberhand gewinnt und sämtliches Verhalten bestimmt, dann beeinträchtigt sie den Kontakt zu anderen. Das heißt, die anderen sollen von außen gewissermaßen ersetzen, was ihnen an Liebeskraft abgeht. In der Regel ist dieses Verlangen nicht bewusst – sie wissen nur, dass sie es unbedingt haben müssen, aber nicht warum. Um dieses gesteigerte Verlangen zu stillen, benutzen sie ein bekanntes Geheimnis: Menschen mögen Menschen, die sie mögen. Sie können es selbst testen. Setzen Sie das Spiel in Gang: Lächeln Sie jemandem an, oder suggerieren Sie ihm, dass Sie ihn mögen. In der Regel wird er Sie auch sympathisch finden. Dieses Versprühen von süßen Lockstoffen hat einen emotionalen Einfluss, dem man sich schwer entziehen kann. Dahinter steckt die Beherrschung der Regel: Geben und nehmen und nochmals nehmen. Diese Regel, in der Psychologie als Reziprozitätsregel bekannt, schreibt nämlich vor, dass wir uns für Nettigkeiten und dergleichen zu revanchieren haben. Es ist normal, sich bei Freundlichkeiten zur Gegenleistung verpflichtet zu fühlen. Die Kraft dieser Regel liegt darin, dass man andere durch sozialen Süßstoff gefügig machen kann. Wie vielen Wünschen wird so stattgegeben, die, wenn kein Gefühl der Erwartung bestanden hätte, sicher abgeschlagen worden wären. Selbst der Geizigste kann sich dem Druck dieser Regel nicht entziehen. Deswegen kommt man mit dieser Masche auch ziemlich weit.

Süßes macht nicht satt

Nur hat die Sache einen Haken, sonst würde man diese Menschen ja nicht als „Stachelschweine“ empfinden. Dieses chronische Nettsein verursacht psychologische Kosten. Man wird nicht satt durch die Poesie solcher Kontakte. Sie bleiben so merkwürdig folgenlos, weil man sich nicht wirklich gemeint fühlt. Außerdem sind erwachsene Kontakte nicht so einfach gestrickt. Es fehlt die Tiefe, die Nuancen und die Differenzierung, die einen lebendigen Austausch ausmachen. Man braucht sich nur vorzustellen, einmal eine Woche nur Süßigkeiten zu essen. Die Fadheit, das ständige Hungergefühl und die Lust, wieder richtig zuzubeißen sind auf der seelischen Ebene durchaus vergleichbar mit der Leere, die der Kontakt mit einem süßen Stachelschwein hinterlässt.

Die Stacheln der Netten sind aus Gummi. Anders als andere Stachelschweine vermeiden sie Konflikte um jeden Preis. Sie weichen aus, verbiegen sich und sind nie wirklich greifbar, weil sie sich jeglicher Auseinandersetzung oder Reibung entziehen. Bei Konflikten fürchten sie Wärmeverlust, deswegen verschanzen sie sich hinter einem Damm, der weder wirkliche Nähe hinein-, noch echte Wärme herauslässt.

Ihre Ausreden, an die sie auch selbst glauben, sind ihnen zur zweiten Natur geworden „Ich habe Angst“, „Ich traue mich nicht“, „Ich habe es nie gelernt“, „Ich brauche Harmonie“. Aus Angst vor Konflikten versprechen sie das, was der andere hören will. Dafür sind ihre Antennen unglaublich empfangsbereit. Wozu sie aber nicht bereit sind, ist das Einlösen oder die Umsetzung des direkt oder indirekt Versprochenen. Sie bleiben unverbindlich, deswegen sprechen sie auch gern in vagen, ungenauen Formulierungen oder im Konjunktiv „Ich hätte dir so gern geholfen“, „Ich würde dich so gern mal einladen“, „Ich werde dich ganz bestimmt morgen anrufen“, „Ich wollte dir schon lange mal mein Geschenk vorbeibringen“, „Ich habe gerade daran gedacht, dich anzurufen“, „Ich bin für dich da, aber im Moment geht es gerade nicht“, „Komm doch mal vorbei“. Kurzfristig mag diese entwaffnende Strategie erfolgreich sein und Vorteile mit sich bringen, die aber langfristig teuer erkauft sind. Wenn der andere ständig zu Versicherungen des Wohlwollens verlockt wird, schrumpfen die emotionalen Beziehungen. Unmittelbarer Gefühlsausdruck, Konflikte und Streitigkeiten sind in einer solchen Konstellation buchstäblich „unmöglich“. Sonderlich vertrauenswürdig ist diese Süßholzstrategie nicht, im Gegenteil. Es entsteht ein Sog nach unten, die Wünsche an Beziehung lassen nach, da sie nicht angemessen beantwortet und oft auch in verletzender Weise versagt werden, obwohl dies nach außen immer unter dem Deckmäntelchen unverbindlicher Harmonie geschieht. Es entsteht Distanz bis hin zum untergründigen Groll, weil an die echten und eigentlichen Gefühle nicht mehr geglaubt werden kann. Unter einer freundlichen Decke macht sich eine Kälte breit, die zur Schrumpfung des Dialogs führt und allenfalls zu einem höflichen Nebeneinander. Es ist zu nett, um wahr zu sein.

Warum sind sie so furchtbar nett?

- Ihr Bedürfnis, geliebt und anerkannt zu werden, beherrscht sie.
- Ihre Zuneigungswilligkeit ist oberflächlich und undifferenziert.
- Sie leben in der chronischen Angst abgelehnt oder verlassen zu werden.
- Sie fürchten sich, Aggressionen auf sich zu ziehen.
- Ihr Schutz vor Angriff heißt: nettreden, schönreden.
- Ihren Beziehungen mangelt es an Tiefe und Intensität.
- Sie halten sich andere vom Leib durch uneingelöste Versprechungen.
- Hinter ihrem Nettsein verbirgt sich ein zäher Durchsetzungswille.
- Ihr Lebensprinzip heißt: Harmonie und Selbstschonung.
- Sie sind selbst nicht satt geworden, deshalb können sie auch für andere nicht nährend sein.

6. Bedürftig-aufopfernde Stacheln

Waren Sie schon einmal Opfer dieser zähen Stacheln?

1. Sie bestehen darauf, dass man sich um sie kümmert.
2. Sie reden ständig über ihre Leiden in Beziehungen.
3. Sie meinen: „Ich kann nichts ändern, der andere muss es tun."
4. Sie sagen von sich: „Ich verdiene Spezialbehandlung, weil ich ein Opfer bin."
5. Sie fühlen sich immer wieder ausgenutzt.
6. Sie bringen andere dazu, ihnen gegenüber ein schlechtes Gewissen zu haben.
7. Sie rezitieren gerne ihre Vergangenheit, um ein gegenwärtiges Elend zu begründen.
8. Sie finden, sie hätten ein Recht, zu jammern und zu klagen.
9. Ihr Lieblingssatz lautet: „Die anderen haben es leichter als ich."
10. Sie fühlen sich zu kurz gekommen.

Geschlecht: häufig weiblich. Kennkarte: bedürftiges Opfer. Lieblingssätze: Ich brauche dich. Sag mir (oder zeige mir), dass du mich magst. Im Zeitalter der Coolness boomt dieser Typus der stets Bedürftigen. Zwischen Leiden, Schmollen und Sich-Aufopfern hin und her pendelnd, nicht mehr angesiedelt zwischen den klassischen Eckpfeilern Emanze und Madonna, sondern eher zwischen nimmersattem Kind und Opferlamm. Im Erwachsensein und Verantwortung übernehmen sehen diese Menschen einen fundamentalen Angriff auf ihren Wunsch nach Geborgenheit und Abhängigkeit. Bedürftige Menschen können Gourmets sein, Hedonisten, Kulinariker und heiße Liebhaber mit starken Emotionen. Sie können einen anschauen, dass einem das Herz erweicht oder mit unschuldigem Kinderblick gucken, dass man ein schlechtes Gewissen bekommt. Sie wollen den Kopf anlehnen, den sie sowieso immer wieder zu verlieren drohen, und Verantwortung abgeben. „Hilf du mir, du bist so kompetent und tüchtig. Du kannst es besser!“ Mit diesem Appell, der sich zur dringenden Forderung ausdehnen kann „Kümmere dich endlich um mich!“, „Hilf mir!“ „Ich kann nicht mehr!“ behalten sie notorisch alle Fäden in der Hand. Wenn man nicht wachsam ist, sitzt man plötzlich in der Falle des zuständigen Retters oder Helfers in der Not und sieht sich in Probleme verstrickt, die nach dem Muster gestrickt sind: „Wer anderen aus der Grube hilft, fällt selbst hinein.“

Bleib bei mir!

Haben Sie sich auch schon gewundert, dass es Menschen gibt, die immer wieder als Opfer in missbräuchliche Beziehungen verstrickt sind? Ich denke an eine Frau, die wortwörtlich sagte: „Ich gerate immer wieder an Alkoholiker. Selbst wenn ich jemanden kennen lerne, der noch kein Alkoholproblem hat, so hat er spätestens eines nach einem halben Jahr Zusammensein mit mir.“ Ich spreche hier nicht von den Opfern, denen wirklich

Böses widerfahren ist. Sie verdienen unser Mitgefühl und unsere Unterstützung. Ich spreche von denen, die Opfer ihrer Bedürftigkeit, ihres besitzergreifenden Wesens und ihrer manchmal übergroßen Wünsche sind. Manchmal sind diese Nähehungrigen leicht zu erkennen, beispielsweise an ihrem fixierenden Blick, der sagt: „Bleib bei mir“, an einer chronischen Schrägstellung des Kopfes, als wollten sie sich kleiner machen. Selbst wenn alles gesagt ist, reden sie weiter, wobei es nicht um Inhalte sondern nur darum geht: „Gib mir Beachtung!“

Eine Begebenheit in einem Café mag dieses Muster veranschaulichen. Ich unterhalte mich mit einer jungen Frau. Mitten im vertrauten Gespräch meint sie: „Jetzt muss ich sicher wieder Wochen warten, bis ich dich wieder sehe.“ Nachdem sie mich immer wieder anfasst, als wolle sie sich versichern, dass ich ihr nahe bin, verabschiedet sie sich mit der bedrängenden Frage, an welchem Tag sie mich nun wiedertreffen könne und entfernt sich mit überschwänglichen Lobesworten über dieses unsagbar schöne Gespräch. Rasch suche ich erst mal das Weite.

Überforderung von Anfang an

Die Neigung zur Anhänglichkeit, die bis zu einem gewissen Grad in jedem Menschen schlummert, zeigt sich besonders bei diesen Menschen. So sehr einen das Vertrauen ehrt, das man von ihnen so leicht geschenkt bekommt, so sehr belastet es einen auch. Sie lieben es, sich an andere anzulehnen, die ihnen beistehen, ihr Leben in Ordnung bringen, ihnen Nähe, Zuspruch und Zuwendung schulden. Schon früh haben sie vielleicht entmutigende Botschaften gehört wie: „Lass mich das machen!“, „Das kannst du nicht!“, „Dafür bist du zu dumm!“ „Ich mache es für dich!“ Weit häufiger war es aber das Gegenteil, nämlich ein zu frühes und überforderndes Ausgeliefertsein und Auf-sich-selbst-Gestelltsein. Die Erfahrung, dass niemand da war, der geholfen, getröstet oder unterstützt hätte, hat sie schon früh mit dem Alleinsein und dem Verlassensein konfrontiert. Dies gilt es um jeden Preis zu vermeiden. Dieses Zuviel, Zu-früh hat Spuren hinterlassen. Nie mehr möchte man so grenzenlos ausgeliefert, hilflos und verlassen sein.

Dies war auch der Grund, weshalb eine junge Krankenschwester sich schwor, ihrem Geliebten die Treue zu halten, auch wenn er ein kleines „Handproblem" hatte, das hin und wieder dazu führte, dass er seine starke Persönlichkeit handgreiflich unter Beweis stellen musste. Trotz des vielen Make-ups waren die Schwellungen im Gesicht unübersehbar. Dennoch war sie überzeugt, dass er im Grunde ein guter Kerl sei, den nur ihre Liebe retten könnte. Immerhin war er überall zur Stelle, wenn sie Probleme hatte. Wenn ihr jemand Unrecht tat, konnte sie auf ihn zählen. Der große „Macker" mit der lockeren Hand wusste wie man Probleme tatkräftig aus der Welt schafft. Er verteidigte sie nicht nur lautstark, er beherrschte auch virtuos die Kunst der Einschüchterung. Aufgrund seiner Tätlichkeiten verlor sie zwar so manche Freunde, aber das waren nun mal die Kriegskosten, die sie für ihren Ritter in schweren Lebenslagen in Kauf nahm. Schließlich brauchte sie jemanden, der ihr all das ersparte, was sie als kleines Mädchen so schmerzlich vermisste. Nur übersah sie, dass auch sein Alkoholproblem etwas unkontrollierbarer schien, als ihr lieb war. Dennoch war sie felsenfest davon überzeugt, sie könne ihn auf den Weg der Tugend bringen. Schließlich war er der erste, der mit ihr durch dick und dünn ging, auch wenn es hin und wieder Ohrfeigen hagelte.

Beziehungselend braucht Gesellschaft

Elend scheint Gesellschaft zu brauchen, sonst hätte die junge Krankenschwester wahrscheinlich rechtzeitig die Bühne dieses Beziehungsdramas verlassen. Sie tat es nicht, weil die Belohnungen für ihre Rettungsphantasien wohl größer waren als die Kriegskosten. Was sind die Vorteile, sich in Beziehungen zu opfern? Die Heiligsprechung? Selbstmitleid? Ihr Stolz war es, eine

Märtyrerin zu sein, die sich auf dem Altar dieser gewalttätigen Beziehung opferte. So konnte sie auf all diejenigen herunterschauen, die nicht so litten, wie sie es tat. Ihr Leiden war der Beweis, dass sie ein guter Mensch war.

Wenn man eine Artischocke Blatt für Blatt ablöst, gerät man irgendwann an eine stachelige Schicht, die das Artischockenherz umhüllt. So ähnlich geht es einem auch mit Menschen, die ihre Bedürftigkeit als Märtyrer ausleben. Nur schwer geben sie ihre kleinen Stacheln auf. Ein Grund ist ihr Glaube, dass sie ganz besonders sind. Sie gehören zu einer Elite. Märtyrertum erlaubt, im Elend sitzen zu bleiben und sich damit einen Ehrenplatz zu sichern, von dem aus man auf andere herabsieht, die weniger leiden. Die Devise, mit der Märtyrer den Mühen der Veränderung aus dem Weg gehen, lautet „Ich kam, ich litt und ich blieb."

Opfer sein ist attraktiv

Da den meisten Mitmenschen die Toleranz für diesen Lebensstil fehlt, bleibt nur das Selbstmitleid, damit die anderen sich wenigstens schuldig und schlecht oder als Retter aufgefordert fühlen. Jeder, der einen Märtyrer gekränkt hat, weiß, welch Höllenfeuer an Ansprüchen auf Wiedergutmachung auf einen warten. Der Zeigefinger bleibt auf den anderen gerichtet: „Du bist schuld!" Da geht es nicht um Versöhnung oder Vergebung, sondern darum, dass dem anderen immer wieder seine Schuld unter die Nase gerieben wird, denn schließlich hat der Märtyrer ein Recht auf Kompensation und Wiedergutmachung. Und das Maß des Ausgleichs bestimmt selbstverständlich er. Deswegen heißt sein Gebot: „Du sollst genauso leiden wie ich, und ich werde bestimmen, wann es genug ist."

Man steht gut da als Opfer, deswegen ist diese Wahl auch so attraktiv. Während offen wütende Menschen auch einmal gestellt werden, sind Opfer immer fein heraus. Sie wirken nach außen hilflos und friedlich, weil sie in der Regel nicht körperlich angreifen. Gegen offen aggressive Menschen kann man sich notfalls wehren, aber nicht gegen scheinbar hilflose Opfer, die ihre Rache und Wut hinter Schuldzuweisungen und Vergeltungsansprüchen kaschieren. Die Scherben, die sich auf dem Lebensweg vieler Opfer häufen, sind nicht unerheblich: zerbrochene Beziehungen, traumatische Erfahrungen, körperlicher oder emotionaler Missbrauch. Es scheint, als würden sie ein tiefes inneres Bedürfnis damit stillen und unbeirrbar, zielsicher immer wieder Täter finden, die bei diesen verrückten Inszenierungen mitspielen. Es ist schwierig, sich vom Tarnmantel des Opferdaseins zu befreien, weil dies auch bedeuten würde, aufzuhören, die Welt zu beschuldigen und zu manipulieren und anzufangen, von sich selbst und den eigenen Bedürfnissen zu sprechen. Leiden in Beziehungen ist zwar nicht zu vermeiden, aber Beziehungselend ist optional. Es kommt darauf an, was Menschen wollen. Gesunder Menschenverstand und der entschiedene Wunsch, ungesunde Märtyrerspielregeln zu durchkreuzen, könnten ein erster Schritt sein, um aus diesem Heldenspiel auszusteigen.

Was sind die Spielregeln von Opfern?

- Sie erwarten Veränderung von außen.
- Tarnmantel ihres Ärgers und ihrer Wut ist die Opferrolle.
- Sie erheben Anspruch auf besondere Zuwendung und Wiedergutmachung.
- Sie gehen davon aus, dass sie etwas Besonderes sind.
- Eigene Unzulänglichkeiten, Versagensgefühle werden mit Selbstmitleid überdeckt.
- Sie leben von Vorwürfen und Schuldzuweisungen.
- Sie fühlen sich moralisch überlegen und stellen sich über andere.
- Sie sprechen kaum über sich selbst.
- Sie schützen sich mit Opfergefühlen.
- Sie finden immer wieder Täter und Retter.

7. Selbstverliebt-egozentrische Stacheln

Wer mit einem dieser Stacheltiere zusammenlebt, beginnt irgendwann so zu denken: „Warum habe ich mir das bloß angetan?“

1. Sie gehen davon aus, dass die Umgebung sich an sie zu gewöhnen habe.
2. Sie sind überzeugt, dass sie ganz besonders sind.
3. Sie finden, dass sie begehrt und beliebt sind.
4. Ihre Devise lautet: „Erst mal ich, dann nochmals ich, dann die anderen.“
5. Sie fordern eine Spezialbehandlung.
6. Am wohlsten fühle sie sich auf VIP-Plätzen.
7. Sie fühlen sich oft unter ihrem Wert geschätzt.
8. Sie schauen gerne auf andere herab.
9. Wenn sie nach ihrem Befinden gefragt werden, fällt ihre Antwort sehr ausführlich aus.
10. Sie verhalten sich, als wären sie Träger des Titels M. D. (Maximus Deus).

Man erkennt sie an ihrem Lieblingswort „Ich“, mit dem sie fast jeden Satz beginnen. Ihr ewiges Von-sich-selbst-Reden oder Sich-selbst-Zitieren ist mehr als nur Würze der Unterhaltung. Es hat etwas Panisches, als fürchteten sie, übersehen zu werden, wenn sie sich nicht ständig um sich selbst kreisen. Sie sind angefüllt wie Eier, so dass kein anderer einen Platz findet. Das Äußere kann wie bei Ostereiern unterschiedlich ausfallen – entweder im grandiosen Glamourstil oder bemäntelt mit falscher Bescheidenheit. Beide Facetten dienen der Eindruckschinderei und halten das Fähnchen des falschen Stolzes hoch.

Bitte zwei Armlehnen für mich!

Wer kennt sie nicht, die Menschen, die im Flugzeug oder im Konzertsaal zwei Armlehnen belegen und denen es nicht einmal in den Sinn kommt, dass dies egoistisch sein könnte? Vor lauter Aufstiegseifer haben sie vergessen, die Ellenbogen einzuklappen. Es soll heutzutage immer mehr von ihnen geben, was ich bezweifle. Mir scheint eher, dass die Bemühungen heute abgenommen haben, zu verbergen, dass man einer ist.

Vom stammesgeschichtlichen Aspekt her gesehen ist Selbstbezogenheit ein lebenserhaltendes Mittel, um sich das größte Stück des erlegten Wildes zu sichern. Wir alle entwickeln kleine Egos, um in einer komplexen Gesellschaft zu überleben. Der Selbstkult ist eine übertriebene Version dieser frühen Neigung, sich selbst besonders und einzigartig zu finden. Paradoxerweise schwindet Individualität, sobald man versucht, sie hervor zu streichen. Sie entartet zur Inflation, wenn sie zu übermächtig wird und als Rechtfertigung für selbstgerechtes, überhebliches und selbstsüchtiges Verhalten dient.

Du bist, was du vorgibst zu sein

So paradox es klingen mag, diese tollen Typen haben meist ein schwach entwickeltes Selbstwertgefühl und Schwierigkeiten, die eigenen Gefühle wahrzunehmen. Fragt man sie, ob es ihnen gut geht, lautet die Antwort häufig: „Nicht wirklich gut, aber auch nicht wirklich schlecht." Diese Floskel verweist auf die Unfähigkeit, die eigene Gefühlslage zu bestimmen und zu benennen. Erfahrungen werden unwirklich, Gefühle konjunktivisch: „Könnte es sein, dass es mir doch nicht so gut geht?" Diese Labilität der Gefühle eröffnet Spielräume für Maskeraden.

Der Hintergrund dieser instabilen Selbstentwürfe liegt weit zurück. Als Kinder wurden sie nicht um ihrer selbst willen geliebt, aber gelobt und belohnt, wenn sie erfolgreich waren. Früh haben sie verinnerlicht: „Wenn ich Erfolg habe und oben bin, dann bin ich gut und liebenswert." Nach und nach haben sie Sieg und Erfolg idealisiert und zur entschlossenen Selbsterhaltung in der Dauerschlacht des Lebens hochstilisiert nach dem

Motto „Du bist, was du vorgibst zu sein." Das wahre Leben kann dabei jedoch auf der Strecke bleiben. Die Sorge um den eigenen Wert in den Augen der anderen hat sie zu virtuosen Könnern der Selbstreklame für das Gelungene gemacht, wobei das Gewahrwerden des Scheiterns und der Fehlbarkeit um jeden Preis zu vermeiden sind. Sorgsam bedacht, ihren Wert unter Beweis zu stellen, haben sie eine Reihe von Imponiertechniken entwickelt, die ständige Wiederholungen und Rotationen des Leitmotivs sind: „Schaut mich an! Hört mir zu! Bin ich nicht toll, fabelhaft, speziell, interessant, cool, super!" Ich muss diese Superlative nicht fortsetzen, jeder kennt Varianten dieser Art von Eigenwerbung, die das unbedingte „Sich-selbst-bevorzugen-Müssen" als Mittel einsetzt, um für Applaus zu sorgen. Manche benutzen Geld, Autos, Essen, irgendwelche Dinge, um sich voll zu stopfen, oder sie plustern sich auf mit Titeln, Orden, Prunk oder Konversationstalent, mit dem sie sogar ohne große Kenntnisse durch mündliche Prüfungen kommen. Oder sie werden die schlimmsten in der Klasse, Unruhestifter, die aus Ruhmsucht Feuer legen. Die Mittel haben verschiedene Gesichter, die Absicht dahinter ist immer die gleiche: Man immunisiert sich gegen die banale, schmucklose Realität und bewahrt den Sinn für ein grandioses Image.

Ich bin der Größte!

Sie sprechen über ihre Leistungen und Trophäen, schneiden sprachbegeistert große Themen an oder steuern geschickt von ihnen weg, wenn sie ihnen unbehaglich werden. Jedenfalls bevorzugen sie das anstrengungslose Reden statt der „Performance", bei der sich womöglich herausstellen könnte, dass sie nur etwa die Hälfte dessen umsetzen, was sie so großzügig angekündigt haben. Vieles, was sie sagen, hat den Beigeschmack einer Verkündigung. Hier spricht vielleicht nicht gerade „Gottvater", so doch zumindest der, der den Durchblick hat oder „Herr der Dinge“ ist. Wehe, man verschmäht seine Weisheiten oder beharrt auf seiner eigenen Meinung, dann kann es schon wegen Banalitäten zu Katastrophen kommen.

Ein Arzt hatte den Namen Mister Perfect. Alles, was er behandelte, schien ihm zu gelingen. Er sagte: „Wenn ich einem Patienten gegenübersitze, weiß ich in Sekundenbruchteilen, wie ich mich verhalten, wie ich reden muss, um bei ihm anzukommen. Ich bin eigentlich immer auf der Bühne und weiß sofort, welche Rolle gefragt ist. Dieses Spiel wiederhole ich pro Tag an die vierzig Mal. Ich bin praktisch alle zehn Minuten ein völlig anderer Mensch. Manchmal weiß ich überhaupt nicht mehr, wer ich eigentlich selbst bin und wie ich mich fühle.“ In einem schwachen Moment wusste dieser Arzt, dass er in Wirklichkeit nur ein schwach entwickeltes Selbstwertgefühl hatte. Wenn er keine gute Figur mehr abgeben könnte, und man ihm seine Erfolge und die ewige Jagd nach Bestätigung nähme, würde er sich als jämmerlicher Versager fühlen.

Für Selbstverliebte gibt es nichts Bedrohlicheres als mit dem Scheitern, Verlieren und Versagen umgehen zu müssen. Dann springen sie von einem extrem wichtigtuerischen Verhalten in das absolute Gegenteil. „Er hat das Leidensmonopol für sich gepachtet“, beschrieb eine Ehefrau ihren Mann, der von sich selbst immer wieder als „vollkommener Idiot“ sprach. Da half auch nicht, dass sie ihm immer wieder versicherte, dass niemand vollkommen sei – nicht einmal ein Idiot.

Spieglein, Spieglein an der Wand

„Es ist schon eine Last, wenn man so intelligent ist wie ich, unter all diesen Armleuchtern“, meinte ein bekannter Selbstdarsteller. Wenn andere sich nicht blenden ließen von seinem überragenden Geist, dann war er es eben selbst. Deswegen fand er auch die Anmerkung, dass es ihm mit seiner Intelligenz doch eigentlich leicht fallen müsse, mit weniger Erleuchteten umzugehen, nicht sehr einfühlsam. Seine Neigung, sich übertrieben positiv wahrzunehmen und die problematische Seite seiner Selbstgerechtigkeit auszublenden, wirkten zwar wie Benzin in seinem Leistungsmotor, aber ihm fehlte das Schmieröl der Bestätigung und des Lobes. Ihm entging, dass er mit seinen schnellen Eigenloben den anderen ohnehin meist zuvorkam. Seine Selbstfaszination und die unerwünscht gesendeten Werbespots in eigener Sache, ließen seinen kleinen Fan-Club zusehends schrumpfen, bis er sich schließlich immer öfter vor seinem Spiegel fand, mit dem er die intensivsten Gespräche führte.

Für andere bleibt nur wenig Platz

Narzissus, der schöne Jüngling, der in sein Spiegelbild verliebt war, hat viele gut aussehende, erfolgreiche Geschwister, die eine Lektion im Leben verpasst haben, die man normalerweise vor Schuleintritt absolviert. Wenn Kleinkinder ihr kleines Ego um jeden Preis durchsetzen, so gilt das als notwendige Vorstufe für den nächsten Entwicklungsschritt, bei dem die Kleinen teilen und kooperieren lernen. Wer älter als fünf Jahre und immer noch überzeugt ist, dass es ein Recht auf Egotrip und Sonderbehandlung gibt, an dem ist der Kelch des Erwachsenseins vorbeigegangen. Seine Spielregeln stammen aus der Kinderstube. „Mehr ist besser. Erst komme ich. Schein ist besser als Sein. Loslassen ist gefährlich. Ich brauche mehr, als das Leben mir bietet. Wenn Gott mir nicht hilft, dann helfe ich mir eben selbst. Mein Gott heißt Erfolg und Ruhm."

Menschen auf dem Egotrip haben keine Hemmungen, andere zu benutzen, um sich aufzublähen. Nicht nur das eigene Ich wird als unendlich ausdehnungsfähig erlebt, sondern auch das der anderen. Die sollen sich anpassen, einfügen und verbiegen. Sie dürfen Anhängsel, Fan oder Publikum sein, aber nicht gleichberechtigte Partner. Die gute Stimmung lässt spätestens dann nach, wenn der andere merkt, dass die Aufblähung seines bewunderten Partners bei ihm zur Schrumpfung der eigenen Person führt. Neben einem aufgeblähten Ballon gibt es nur wenig Platz, weder im Auto, im Bett, in der Öffentlichkeit noch am Küchentisch. Neben jemandem, der seinen Teller immer zu voll auflädt, hungert man oder es wird einem schlecht – satt wird man nicht.

Wenn kleine Kinder ihre Gier ausleben und zuviel auf den Teller packen, so ist das normal und amüsant. Schließlich haben sie ein Recht, die Kapazität ihres Magens, ihrer Hände und Augen auszutesten. Wenn Erwachsene immer noch meinen, durch Gier den Schlüssel zum Erfolg gefunden zu haben, so sind sie Opfer einer Illusion. Gier macht nicht satt. Sie macht einsam oder dick. Ebenso die Eitelkeit. Beides bringt auf die Dauer keinen Erfolg und hat nichts mit Führungsqualitäten zu tun.

Was sind die seelischen Hintergründe?

- Sie beziehen ihre Lebensenergie aus ihren Erfolgen.
- Ihnen fehlt die Erfahrung des Geliebtseins um ihrer selbst willen.
- Ihnen fällt nichts zu, sie müssen ständig beweisen, wie gut sie sind.
- Ihre größte Angst ist das Scheitern und die Niederlage.
- Die Instabilität ihres Gefühlslebens eröffnet Spielräume für Maskeraden.
- Sie schwanken zwischen Selbstüberhöhung und Selbsterniedrigung.
- Sie blenden und versuchen mehr zu scheinen als sie sind.
- Ihnen fehlt das Vertrauen, dass das Leben genug für sie bereit hält.
- Sie halten Gier und Eitelkeit für erforderliche Führerqualitäten.
- Sie sind abhängig von der Reaktion anderer, obwohl sie selbstbewusst wirken.

8. Negativ-pessimistische Stacheln

Kennen Sie Menschen, die nach dem Leitspruch „Bad news are good news“ – „Schlechte Neuigkeiten sind gute Nachrichten“ leben?

1. Ihre Lieblingsantwort heißt: „Ja, aber …“
2. Sie glauben eher an Murphys Gesetz als an Gott (üppige Version: „Wenn irgendetwas schief gehen kann, wird es irgendwann passieren.“)
3. Am Morgen sind sie besonders schlecht gelaunt.
4. Wenn sie verreisen müssen, sind sie schon Tage vorher gereizt.
5. Sie sind stolz auf ihre negativen Voraussagen, vor allem wenn sie eintreffen.
6. Sie sprechen gerne über Dinge, die passieren könnten.
7. Wenn etwas Schlimmes passiert, sagen sie: „Ich hab's ja schon immer gesagt.“
8. Wenn man sie fragt, was sie wollen, wissen sie immer zuerst, was sie nicht wollen.
9. Sie reden andere schlecht, damit ja keiner besser ist als sie selbst.
10. Man ruft sie an, wenn man wissen will, was schief gehen könnte.

Woody Allen verkörpert diese Stacheln eindrücklich im Film „Hannah und ihre Schwestern“. Dort kommt er ganz beruhigt von seinem Hausarzt, der ihm bescheinigte, dass ihm nichts fehle. Plötzlich aber verfinstert sich sein Gesicht, denn er denkt: „Na gut, aber eines Tages wird mir etwas fehlen …“

Wo die Gallensäfte fließen

Um sich in die Welt der Negativdenker einzufühlen, stellen Sie sich vor, Sie würden jemanden in der Vorschau oder in der Rückschau küssen. Das Leben ist immer unmittelbar, sollte man meinen, aber fragt man den negativen Denker nach seiner Philosophie, so müsste er sie so oder ähnlich formulieren:, „an morgen oder an gestern denken", „mir Sorgen machen". Für ihn besteht die Welt aus einer Kette von kleineren oder größeren potentiellen Katastrophen. Und die größte Katastrophe sind seine optimistischen Zeitgenossen. Denen versucht er ständig nachzuweisen, wie leichtgläubig, blauäugig, dumm und beschränkt sie sind. Jede Anstrengung, ihm das Spielerische nahe zu bringen, ihm Humor oder Flexibilität abzuverlangen, muss kläglich scheitern. Dieser Stachelschweintyp ist einfach schlecht drauf, obwohl er allen Grund hätte, mit sich und der Welt gelassener umzugehen. Schließlich hat er ein paar Reisen hinter sich und schon lange keinen Krieg mehr aus der Nähe erlebt. Aber nichts da, in seinem Wohnzimmer tickt die Großvateruhr, nach außen heile Welt, drinnen die bohrende Ängstlichkeit und die Unruhe. Ab und zu nervt er die anderen, die so gern die angenehme Leichtigkeit des Seins genössen, mit seiner rüden Unfreundlichkeit, die sein Leben durchtränkt wie der Essig den Sauerbraten. Sie halten sein Verhalten für schlechte Manieren. In Wahrheit ist es tiefe Unsicherheit.

Unsicherheit resultiert aus Angst. Angst hat er vor diesem und jenem, eigentlich vor allem. Deswegen sichert er sich gegen alles ab. Komme keiner damit, eine neue Idee zu haben, nach dem „Was-ich-nicht-weiß-macht-mich-nicht-heiß-Grundsatz" zu leben oder fünfe gerade sein zu lassen. Und Gemütlichkeit ist ohnehin nicht sein Gemüt, sie liegt nur wie ein Firnis darüber. Für ihn geht es um die nackte Existenz. Bekanntermaßen fährt er deshalb äußerst vorsichtig Auto, im Kofferraum führt er sämtliches mit – von der Werkzeugtasche bis zur Thermosflasche–alles, was er eventuell brauchen könnte. Man weiß ja nie. Es braucht ziemlich stabile Nerven, wenn man neben oder hinter ihm herfährt, weil er so unbeirrbar vorsichtig fährt, dass es schon wieder riskant ist. Wenn dann einer die Nerven verliert, dann hat er prompt den Beweis, wie brüchig seine Existenz doch sei.

In punkto Muffigkeit schlägt ihn keiner, vor allem wenn man ihn mit spontaner Nettigkeit überrascht. Oder wenn er zu einem Fest eingeladen ist. Da hat man selbst beim opulenten Buffet das Gefühl, da erstickt jemand mit einem nassen Tischtuch als erstes sämtliche Funken von Freude und Ausgelassenheit. Eine Woge schwarzer Galle schlägt einem entgegen, wenn man fragt, wieso man ausgerechnet Zielscheibe dieser Übellaune sei. Ostentativ heißt es dann, das sei genetisch. „Alle in unserer Familie sind so, das liegt uns im Blut." Aber wozu soll das gut sein, ein Gen namens AMSMZ („Alle Menschen sind mir zuwider") zu vererben? Die Antwort entnahm ich einem Wissenschaftsreport aus den USA. Da stand doch tatsächlich: Pessimisten und Schwarzseher leben im Durchschnitt sechs Prozent länger als ihre frohsinnigen Brüder und Schwestern. Einfach, weil sie ständig mit dem Unheil rechnen und sich täglich darauf einstellen. Selbst wenn eine düstere Prognose eintrifft, rührt sie das wenig, sie sind ja bestens vorbereitet. Sollte sie wider Erwarten nicht eintreffen, so lässt sich auch aus diesem Umstand ein heimlicher Lustgewinn ziehen. Prognosen treffen ohnehin nie ganz pünktlich ein.

Eine Studentin geriet vor ihrem Examen derart in Panik, dass ihr vor lauter Horrorphantasien kaum noch Zeit blieb, ihren Stoff zu lernen. In ihrer Nähe ging es immer rasend phobisch zu. Nach einer ersten kleinen Panikattacke, die die ganze Lerngruppe ansteckte, entschloss sich die Gruppe zu einer Gegenstrategie. Die anderen ließen nun keine Gelegenheit aus, um ihr möglichst lustvoll zu erzählen, wie sie sich auf die nächste Prüfung freuten und es genössen, mit ihrem Wissen endlich öffentlich zu verblüffen. Das hatte nicht nur den Effekt, dass sich die dunklen Wolken der Angst in der Gruppe verzogen, sondern auch, dass die Studentin es nun „aus Trotz" den anderen beweisen wollte und endlich lernen konnte.

Nörgler und Negativdenker sind niemals Helden großer Dramen gewesen, dafür sind sie zu missmutig und zu wenig graziös. Sie sind eher Stoff für Komödien, prädestiniert für die Rollen als Miesepeter und Hypochonder. Es gibt wohl kaum jemanden, der sich keinerlei Sorgen macht. Gäbe es den absolut Sorgenfreien, so wäre das sicher kein Zeichen von Erleuchtung, sondern eher von selbst verordneter Blindheit gegenüber den realen Gefahren des Lebens. Sobald man Problemen gegenübersteht oder in Situationen gerät, die ein gewisses Risiko beinhalten, sind selbst die heitersten Menschen nicht gefeit vor Ängsten und Befürchtungen. So lange sie dazu dienen, Gefahren mutig zu begegnen und Unwägbarkeiten zu beherrschen, kann man damit leben. Problematisch wird es, wenn Sorgen und Ängste zu Hemmschuhen werden, die praktisch in allen Lebensbereichen wirken: der Arbeit, den Beziehungen zu Freunden, dem Familienleben und der Öffentlichkeit. Ängste sind eigentlich dazu da, dass man die Dinge angeht, aktiv wird und Entscheidungen fällt. Aber gerade diese Aktivität ist gelähmt, weil der ängstliche Geist vor lauter Sorgen paralysiert ist.

Die meisten Jugendlichen durchlaufen Phasen, die denen des Negativdenkers sehr ähnlich sind. Sie sind über ihren Wert unsicher, wissen nicht, wer oder wie sie sind, stecken voller Minderwertigkeitskomplexe, die sich mit Grandiositätsgefühlen abwechseln, und fühlen sich auf der sozialen Bühne ziemlich unwohl und ungeschickt. Diese Phase der Unsicherheit und des linkischen Benehmens geht zwar nicht ohne Blessuren, aber in der Regel doch einigermaßen glimpflich vorüber, wenn das Selbstvertrauen durch positive Erfahrungen der Anerkennung gestärkt wurde. Fehlen diese Erfahrungen der Akzeptanz und der Ermutigung und gab es zu viele Erfahrungen des Nicht-Bewältigens oder Fertig-Werdens mit neuen Situationen, dann ist der Boden bereitet für chronische Unsicherheiten und unbewusste Konflikte.

Trotz der nachweislich schlechten Resultate dieses Negativdenkens wird es aufrechterhalten, weil es anscheinend leichter fällt, sich zu sorgen, als zu vertrauen und zu hoffen. Wenn man unsicher ist, vor Entscheidungen steht, wenn Mut erforderlich ist oder Konflikte anstehen, dann mag das Negativdenken sich wie eine Problemlösung anfühlen. Aber im Grunde dient es der Flucht vor der mutigen Konfrontation mit den eigenen Themen, die angegangen werden müssten. „Solange ich denke, mache ich mir Sorgen", so der Slogan einer Betroffenen. Und man könnte es noch kürzer fassen: „Ich sorge mich, also bin ich."

„Ich muss ständig daran denken, dass meiner Frau etwas passieren könnte. Deswegen streite ich ständig mit ihr, weil sie nicht einsehen will, dass sie nicht allein weggehen darf." Dieser Mann meinte, wenn er sich in der Phantasie immer wieder das Schlimmste ausmalen würde, dass er dann, wenn es einträfe, routinierter damit umgehen könnte. Leider funktioniert diese Art der geistigen Vorwegnahme in den seltensten Fällen. Ich habe noch niemanden getroffen, der vorsorglich die Trauer bei einem Todesfall erfolgreich einüben konnte. Diese Wunde des Verlusts übertrifft jede Phantasie.

Kollektive Kater

Am wohlsten fühlen sich Pessimisten in der Gesellschaft anderer, die ebenfalls auf dieser schwarzen Welle reiten. Das Ausmaß an Miesepetrigkeit, das zutage tritt, wenn sie sich gegenseitig mit ihren Schwarzmalereien übertrumpfen, ist verblüffend. Da wird dann im kollektiven Kater prophezeit, wie schlimm das mit der Jugend, den Amerikanern, den bauchfreien Hosen, den Handys und Computern ... noch weiter geht. „Wir haben wenigstens noch Umgangsformen", meinte einer in einer solchen Katerrunde. Er meinte wohl, dass seine Anlagen tiefer und seine Bestimmungen höher seien als die seiner gutgelaunten Zeitgenossen, die noch unleidlicher wären, wenn ihre Heiterkeit um sich greifen würde. Dann doch lieber die tägliche Portion Missmut, dahinter darf man wenigstens zivile Umgangsformen vermuten. Besonders entspannt ging es nicht zu in dieser Runde. Das allgemeine Sorgen und Wettern kann man sich ausmalen. Das hat ja auch sein Gutes. Immerhin kam niemand ernsthaft zu Schaden, aber es gab auch kein nennenswertes Gespräch. Nichts gegen ein bisschen Sorgen-Ping-Pong. Aber wie inspirierend könnten Gespräche sein, wenn der Austausch eine Freude ist und nicht Katzenjammer?

Was steckt dahinter?

- Ihr Grundlebensgefühl ist die Angst.
- Sie suchen Sicherheit um jeden Preis, selbst um den eines reduzierten Lebens.
- Ihre Bedürfnisse nach Anerkennung wurden nicht gestillt.
- Sie stecken voller Komplexe, weil ihr Selbstvertrauen nicht gestärkt wurde.
- Ihnen fehlt die Motivation, aktiv zu werden, Entscheidungen zu fällen und selbst Verantwortung zu übernehmen.
- Sie weichen ihren Ängsten aus, indem sie sich Sorgen machen.
- Sie haben ein Vertrauensdefizit.
- Sie sind Opfer der Illusion, dass Negativdenken ein Weg sei, um mit dem Leben fertig zu werden.
- Sie sehen keine Gestaltungs- und Wahlmöglichkeiten.
- Sie beantworten negative Gefühle – einsam, hungrig, ärgerlich, müde – mit negativem Denken.

9. Theatralisch-dramatisierende Stacheln

Kennen Sie Menschen, deren Leben dem Film „Manche mögen's heiß" gleicht?

1. Sie müssen im Mittelpunkt stehen.
2. Sie verfügen über ein breites Repertoire, um sich die Aufmerksamkeit anderer zu sichern.
3. Bei ihnen ist immer etwas los.
4. Wenn sie den Raum betreten, kommt pralles Leben in die Bude.
5. Im Zweifelsfall reden sie.
6. Ihr Lieblingsthema sind sie selbst.
7. Leben heißt für sie: „Gas geben und volle Kanne durch."
8. Ihre Devise lautet: „Mein Leben ist hier und jetzt, was interessiert mich mein Geschwätz von gestern?"
9. Sie kennen viele Menschen, die sie als ihre Freunde bezeichnen.
10. Sie schaffen es nicht, pünktlich zu sein.

Wenn sie in den Raum tritt, dann ist immer etwas los. Früher trug sie hautenge Jeans und Cowboystiefel, heute sind es Flattergewänder oder bauchfreie Hüfthosen mit kurzen T-Shirts, die sie sich auch leisten kann, denn sie trainiert ihren Waschbrettbauch täglich. „Die anderen sind fettleibig, ich bin fitleibig", betont sie immer wieder voller Stolz. Während sie ihre Bekannten pausenlos auf dem Laufenden hält über ihren Appetit, ihre Verdauung, den Übergang von Pfirsich- zur Orangenhaut und ihre neuen Wehwehchen ausgiebig medizinisch und psychologisch erörtert, schielt sie fast beschwörend zu ihrem Handy, das tatsächlich irgendwann klingelt. Mit dem Feuereifer einer Vierjährigen, die eine Puppe vom Weihnachtsmann bekommt, beginnt sie das Gespräch mit den bekannten Worten, die dem anderen signalisieren, wie unheimlich wichtig er ist: „Super, dass du anrufst … Ich habe gewusst, dass du es bist … Ich habe die ganze

Zeit an dich gedacht … Ach wie toll, dass du dich meldest … Was ich dir schon immer sagen wollte …"

The show must go on!

In der Wortwahl ist sie nicht gerade zimperlich und die Tendenz ist deutlich steigend, da gibt es kaum einen Satz ohne die Superlative „irre", „supergeil", „ausgeflippt", „Wahnsinn", „Spitze". Dass man beim Telefonieren das Umfeld bedenken und sich fragen sollte, ob man die anderen mit diesen Ergüssen vielleicht stören könnte, derart feinsinnige Überlegungen kommen ihr nicht in den Sinn. Kaum hat sie die Aus-Taste gedrückt, plappert sie unbeirrbar weiter, denn es wäre mehr als beleidigend für sie, wenn man ihr nicht die gebührende Beachtung schenkt. Schließlich muss sie doch erzählen, was er gerade gesagt hat, wie sie das findet und überhaupt: „The show must go on." Ab einem bestimmten Grad von Mitteilungsfreudigkeit ist das Publikum zwar austauschbar, aber immer tribut- und applauspflichtig.

„Ich habe Champagner im Blut", bekannte eine Adrenalinsüchtige, die mir voller Stolz ihren Terminkalender zeigte. Man bekommt Lust auf ein Nickerchen, wenn man die Fülle aufregender Termine, Vernissagen, Konzerte, Einladungen auf sich wirken lässt. Dass es im Leben doch mehr als alles geben muss, dämmerte einem, wenn man realisiert, wie viele Bälle sie im Spiel hat und wie geschickt sie sich alle Optionen offen lässt. „Ich bin nach München zu einem Freund eingeladen, aber vielleicht gehe ich doch lieber mit den Kindern ins Kino, und danach könnte ich dann zum Straßenfest, wo ich schon lange zugesagt habe. Aber vielleicht sollte ich mich doch wieder mal bei meinem „Lover" melden, sonst wird er noch sauer. Eigentlich sollte ich auch meinen Arbeitsbericht schreiben, aber vielleicht hilft mir meine Kollegin." Unangenehme Aufgaben oder Pflichten kann man getrost vernachlässigen, vielleicht erledigen sie sich ja von selbst oder ein Retter in der selbst gemachten Not springt hilfreich ein. Was sie machen würde, wenn ihr alles über den Kopf wächst, wird sie gefragt, worauf sie lächelnd meint „Dann bete ich und dann kommt meist von irgendwo ein Lichtlein her.“ Sie glaubt an ihren entwaffnenden Charme und an ihre tiefe Einsicht, dass immer dann, wenn eine Türe zugeht, sich irgendwo ein Fenster auftut. Überall wo sie auftritt kann sie sicher sein, dass man hinschaut, lacht oder staunt. Es gibt zwar niemanden, der ihr wahres Gesicht kennt, aber ich nehme an, dass sie ungeschminkt auf die Welt kam. Sie trägt schwer an ihrem Make-up und an ihrem üppigen Parfüm, das die Evolution sicher so nicht vorgesehen hat. Bis sie eines Tages merkt, dass all dies auch dazu dient, sich vor Leere, Ängsten und Schmerzen zu schützen.

Vom Schein zum Sein

Um sich selbst überhaupt zu spüren, brauchen dramatisierende Menschen hohe emotionale Dosierungen. „Ich muss immer etwas sagen, wobei sagen vielleicht untertrieben ist. Ich werde so heftig, dass selbst unser schlafender Hund wach wird“, so eine Mutter von drei Kindern. Sie steigern sich hinein in Gefühlszustände, die immer mehr oder weniger übertrieben sind, nicht nur um die Aufmerksamkeit des Gegenübers zu fesseln, sondern auch um ihr eigenes Erleben zu intensivieren. Statt ärgerlich, werden sie rasend vor Zorn, statt zugewandt, sind sie übertrieben anhänglich, statt herzlich, werden sie überschwänglich, statt großzügig, überhäufen sie den anderen mit Geschenken, statt einfach traurig zu sein, versinken sie in heulendes Elend. „Mein Leben gleicht einer Geisterbahn – mit Spiel, Macht und Alkoholabstürzen. Aber diese Geisterbahn ermöglicht es mir, starke Emotionen zu leben, die der normale Alltag so nicht hergibt“, so eine Tänzerin, die ihre Geisterbahn braucht, um sich intensiv zu spüren. Ihr Leben gleicht einem Rausch, der sie in Höhen aufsteigen oder in Abgründe versinken lässt, in denen anderen die Luft ausgehen würde. Wenn es dann passiert, dass ihre daraus resultierende Migräne sie für einen Tag ins dunkle Zimmer verbannt, dann verbucht sie das als den Preis für die zuvor genossene Lebensqualität.

Immer eine Spur zu dick aufgetragen geraten ihre Kommentare. Sie verzetteln sich in blumenreichen Ausschmückungen und Abschweifungen, um vom Eigentlichen, Wesentlichen abzulenken. „Ich rede mich in Zustände hinein, zu denen ich dann werde“, drückte eine Frau ihr Selbsterleben aus. Bei Mondschein konnte sie dahin schmelzen, beim Anblick von Babys außer sich geraten und in der Kirche in tiefste Versenkung fallen. Ihren Gefühlen haftet etwas Gemachtes an, als würde sie auf ihnen Trampolin springen, um etwas in ihrem Herzen zu spüren. Nach dem Motto: So lass mich scheinen, bis ich werde.

Menschen, die die Erfahrung gemacht haben, dass einfach dosierte Lebenszeichen nicht beachtet und gehört wurden, greifen zu härteren Mitteln, um sich Beachtung zu verschaffen. Eine Form davon ist das übertriebene Schenken. Sie übersehen, dass Schenken nicht nur eine Gabe, sondern auch eine Form ist, sich selbst Beachtung zu verschaffen. Nach außen sieht es so aus, als würden sie dem anderen Zuwendung schenken, aber in Wirklichkeit – vor allem, wenn es gehäuft und übertrieben geschieht – steckt dahinter eine Gier nach Beachtung, auf die der andere instinktiv mit Abwehr reagiert.

Es ist nie genug

Ein Therapeut erzählt über eine Klientin: „In der zweiten Sitzung brachte sie mir Blumen, um mir zu zeigen, wie dankbar sie sei. Dann telefonierte sie, schenkte mir immer wieder etwas, bis unsere Beziehung regelrecht kippte. Was als harmloses Menuett begonnen hatte, artete zum üblen Fandango aus.“ Hinter dieser im Mantel des Schenkens versteckten Gier steckt die Erfahrung, dass man nicht ernst genommen, zu häufig übersehen, übergangen oder einfach zu wenig Interesse und Resonanz von Nahestehenden erhielt. Wer sich schon früh als uninteressant und unwichtig erlebt hat, wird seinen Einsatz erhöhen, um an das zu kommen, was er so dringend benötigt – nämlich endlich bemerkt und bestätigt zu werden. Aus diesem Hunger rührt die ständige Suche nach Stimulation, Aufregung und Inszenierung. „Ich bin doch keine Sofapuppe, ich wechsle pro Tag mindestens drei Mal meine Garderobe", beschreibt eine Frau ihr Leben, das sich, wenn sie nicht gerade im Kontrastprogramm ihrer „Schlampenphase" steckt, wie ein Leben auf dem Laufsteg ausnimmt. Oder eine andere „Ich wechsle meinen Freundeskreis fast jedes Jahr." Da sie an einem Mangel an Beachtung leidet, wird sie durch jedes neue Angebot an Beachtung stimuliert. Dank ihres Charmes wird sie überall fündig: im Whirlpool, im Wartezimmer, im Zug. Die gewohnten Freunde haben meist wenig Chancen gegenüber den neuen Bekannten, von denen sie sich endlich verstanden fühlt, die besser zu ihr passend oder vom Schicksal für sie bestimmt erscheinen.

Krankheit als rettender Einfall

Wenn Freunde, Kosmetik und Klamotten nicht angesagt sind, so bleiben immer noch Krankheiten als dramaturgische Möglichkeit zur Inszenierung von Beachtung und Aufmerksamkeit. Die Diagnose kann verschieden sein, charakteristisch ist die demonstrative Übertreibung, die jedes Symptom in die Nähe drohender Lebensgefahr rückt. Sie erleben nicht einfach Stress, sondern sind völlig am Ende. Wenn man da nicht sofort hilfreich einschreitet, dann sind sie rettungslos verloren. Da werden aus Einsamkeitsgefühlen Thrombosen, aus Ängsten Embolien, und wenn man sich in der eigenen Haut nicht wohl fühlt, dann gibt es immer noch blühende Erscheinungen wie Herpes oder Gürtelrosen. Mit solchen exotischen Diagnosen kann schließlich nicht jeder aufwarten und vor allem nicht mit diesen Spontanheilungen, die

Geschwüre über Nacht verschwinden lassen, wenn irgendjemand unverzüglich ihren Beachtungshunger stillt.

Nichts zu verbergen – außer ein paar Gefühle

Die Kontaktfreudigkeit dieser Selbstdarsteller bewirkt, dass sich keine wirkliche Nähe einstellen will. Man hat sogar den Eindruck, sie reden unaufhörlich, als müssten sie einen vom Halse halten. Einen Grund dafür nannte eine Frau: „Mein Leben ist ein offenes Buch. Da gibt es nichts zu verbergen – außer vielleicht ein paar Gefühle." Da die anderen neben so viel aufregendem Redefluss und wenig wirklicher Nähe ohnehin höchstens als Komparsen oder als beeindruckte Zuhörer einen Platz finden, findet wenig Austausch statt. Selbst wenn der andere eine Atempause erwischt, um nun endlich von sich zu erzählen, so verstummt er rasch, weil er diesem „Das kenne ich auch ... aber bei mir ist das noch viel schlimmer" nichts Nennenswertes entgegenzusetzen hat. Eine Frau beschrieb es treffend: „Wenn sie mit im Auto sitzt, dann füllt sie das ganze Auto aus. Ich bekomme kaum Luft neben ihr. Manchmal würde ich am liebsten aussteigen, weil ich neben ihr einfach in die Ecke gedrückt werde."

Das Leben – eine einzige Bananenschale

Der Anspruch dieser Mitteilungsfreudigen geht immer dahin, bestätigt zu werden. Dazu sind die anderen zwar wichtig, aber eher im Sinn eines applaudierenden Publikums. Sie brauchen Zeugen für ihr atemberaubendes, abenteuerliches Leben, in dem immer ziemlich viel los ist. Und wenn nichts los ist, dann sorgen sie dafür, dass etwas los ist. Manchmal sind es kleine Unglücksfälle. Sie fallen in Brennnesseln, werden von Wespen gestochen, bekleckern sich die weißen Hosen mit Rotwein, stolpern oder stoßen sich den Kopf. Ihr Leben kann eine einzige lange Bananenschale sein, hinter dem die Angst steckt, übersehen und unbemerkt zu bleiben. Oft stellen sich ihre kleinen Dramen als Ablenkungsmanöver heraus, mit denen sie einen Teil ihres inneren Chaos preisgeben, damit nur niemand (auch sie selbst nicht) einen Blick in ihr Innerstes wirft. In Zeiten des Alleinseins fallen sie oft in tiefe Löcher. Möglicherweise provozieren sie auch kleine, überschaubare Dramen, um der inneren Sinnleere oder eben dem zu entgehen, was ihnen nahe geht. Dafür spricht die Äußerung einer Studentin, die immer dann, wenn sie mit Gefühlen von Traurigkeit in Kontakt kam, bis zur Höchstform aufdrehte: „Wenn mir etwas an die Nieren geht, dann bin ich erst recht eine richtige Stimmungskanone. Trotz meiner dünnen, seelischen Haut könnte ich nie nur eine Nebenrolle spielen, ich muss Hauptfigur sein und volle Pulle aufdrehen."

Was steckt dahinter?

- Sie haben die Erfahrung gemacht, dass einfach dosierte Lebenszeichen nicht wahrgenommen wurden.
- Sie haben wenig Interesse dafür erfahren, wie sie sich fühlen.
- Sie haben erlebt, dass sie nur beachtet werden, wenn sie sich in den Mittelpunkt spielen.
- Sie spüren sich selbst nur in gesteigerten Zuständen.
- Sie lenken sich selbst und andere von Gefühlen ab, die ihnen nahe gehen.
- Sie haben wenig Kontakt zu Gefühlen und Inhalten, die aus dem Inneren kommen.
- Sie nehmen sich mit ihren Bedürfnissen eigentlich nicht ernst.
- Trotz Offenheit entsteht wenig Nähe zu ihnen, da sie den anderen nicht in sich aufnehmen.
- Statt Dialog suchen sie Zeugen und Publikum ihrer Selbstdarstellung.
- Sie haben Angst, sich der inneren Leere auszusetzen.

10. Intolerant-ungeduldige Stacheln

Kennen Sie Menschen, die eigentlich ganz nett sein könnten, wenn sie nicht so unduldsam wären?

1. Sie behaupten zwar theoretisch, dass andere ein Recht haben, anders zu sein, aber in der Praxis vergessen sie es immer wieder.
2. Sie fühlen sich geistig und moralisch überlegen.
3. Sie verachten Dummheit.
4. Sie mögen es überhaupt nicht, wenn andere sich scheinbar gehen lassen.
5. Es gibt viele Nahrungsmittel, die sie verabscheuen.
6. „Eklig“ oder „ekelhaft“ sind Adjektive, die sie häufig benutzen.
7. Man hält sie für arrogant.
8. Sie machen sich gerne über andere Menschen lustig.
9. Sie werden schnell ungeduldig.
10. In Restaurants suchen sie sich Plätze in sicherer Entfernung zu den anderen.

„Heute ist wohl eine Epidemie von Dummheit ausgebrochen“, meinte ein etwas irritiert schnaubender Lehrer, als ein Schüler es wagte, eine Frage zu stellen. Grinsend entschuldigte sich der Schüler, woraufhin sich der Lehrer ausführlich über „die schlimmste Klasse, die ich je hatte“, und in der Steigerungsform „die die ganze Schule je hatte“, über Dummheitsviren, Teilzeitidioten und andere verachtenswerte Dummheitsphänomene ausließ, während der Schüler vor sich hin brummelte: „Armes Schwein.“ Ein Einzelfall, möchte man meinen, aber es gibt genügend Menschen, die höchst intolerant oder gar allergisch auf bestimmte Ideen, Menschen, Verhaltensweisen reagieren. Passt man nicht in ihre innere Agenda und ihr Weltbild, erfährt man ziemlich harsch, was es bedeutet, mit einem Experten in Sachen intoleranter Ablehnung zu tun zu haben. Wer nicht in sein Schema passt, erntet im milden Fall Kritik und Belehrung oder im fortgeschrittenem Stadium auch härtere Formen von Abkanzelung und Verachtung.

Wehe, man passt nicht in ihre Agenda!

Man braucht bloß in einer Warteschlange zu stehen, es gibt immer mindestens einen, der meint, sich von seiner besten Seite zu zeigen, wenn er ungeduldig und ungehalten reagiert, mit diesem typisch verächtlichen Gesichtsausdruck, als würde er sagen: „Unverschämtheit, dass ausgerechnet ich warten muss …“, „… dass meine kostbare Zeit gestohlen wird.“

Intolerante Menschen fallen normalerweise nicht sofort auf, weil ihre Stimmlage eher verhalten, leicht überheblich und ihre Gemütsverfassung eher kontrolliert ist. Sie brüllen nicht wie diese lauten, aggressiven Rambos, die wegen jeder Kleinigkeit an die Decke gehen. Manchmal merkt man nicht einmal, dass man mit ihnen zu tun hat, weil sie ihre Unduldsamkeit hinter einer Maske aus Hilfsbereitschaft und Mitgefühl tarnen. Man erkennt sie höchstens daran, dass man das Gefühl hat, sie wissen irgendwie alles besser und sind weit klüger, reifer, gebildeter oder weiser als man selbst. Manchmal präsentiert sich dieser Stil als Mitleid für die Kleingeister, die sich ihre Gaben nicht aussuchen durften, oder für die Unglücklichen, die nicht so liberal oder erleuchtet sind wie sie selbst. Wenn ihr Mitleid nicht fruchtet, bleibt immer noch das Beten für die Armseligen, die vom rechten Weg abgekommen sind. Schließlich haben diese im Erleuchtungsstress Stehenden ohnehin den „besseren Gott“ und sind die „Auserwählten“.

Wenn du mir doch ähnlicher wärst!

Intoleranz hat viele Gesichter. Im Kopf spielt sich aber immer das gleiche Credo ab: „Wenn du mir doch nur ähnlicher wärst." Da die Wahrscheinlichkeit, dass andere den eigenen Wünschen entsprechen, gleich Null ist, gibt es genug Möglichkeiten, auf andere mit Moralpredigten einzudreschen oder falls man zur „Upperclass" der diskreten Intoleranten gehört, auf ein Magengeschwür zuzusteuern. Es müssen nämlich keine großen weltanschaulichen Themen sein, meist sind es allerhand kleine, banale Dinge, über die sich ihre Engstirnigkeit oder Engherzigkeit auslässt und empört.

Es gibt einen interessanten Test, um zu wissen, ob man es mit einem Intoleranten zu tun hat. Fragen Sie ihn, ob er gern Froschschenkel (oder je nachdem: Schnecken, Tintenfische, Wackelpudding …) isst. Wenn er sie noch nicht probiert hat, wird er igitt, pfui oder eklig sagen. Falls er das Gericht kennt, wird er vielleicht sagen: „Das ist nicht mein Ding", einfach weil es nicht in das restriktive, gewohnte Nahrungsregime passt.

Versteckte Intoleranz

Wenn Hunde an die Grenze ihrer Intoleranz geraten, dann knurren sie. In der Regel weiß man, was einem blüht, wenn man ihre Warnung nicht respektiert, zumindest spätestens dann, wenn man einmal geschnappt wurde. Respektiert man ihre Toleranzgrenze, so passiert nicht viel, außer dass man weiß, bis dahin und nicht weiter.

Intolerante Menschen verfügen über raffiniertere Spielregeln als Hunde. Sie wissen, dass Intoleranz keine schmeichelhafte Eigenschaft ist, deswegen tun sie so, als ob sie tolerant wären, bevor sie verurteilen und verwerfen. Ihre Toleranz besteht oft nur darin, dass sie ihre Intoleranz geschickt verbergen. Sie zeigen sich verständnisvoll nach dem Motto „Im Zweifel für den Angeklagten", um schließlich erhaben über jeden Zweifel zu richten und zu verurteilen. Ich denke an eine Studentin, die ihre Diplomarbeit bei einer Professorin schrieb, die ihr immer wieder zuhörte und sich verständnisvoll zeigte, sie immer wieder mit neuen Auflagen und Hoffnungen entließ, bis sie ihr schließlich eröffnete, dass sie solch eine unorthodoxe Arbeit doch nicht annehmen könne. Menschen können vorgeben, tolerant zu sein und unter diesem Deckmantel aus dem sicheren Hinterhalt ihre Ablehnung in kleinen giftigen Dosen ausleben. Bei Hunden weiß man woran man ist, bei Menschen weiß man es oft erst hinterher.

Intolerante unter sich

Es gibt ein paar Eigenschaften, die sich im Alter verstärken. Die Intoleranz ist eine davon. Nicht ohne Grund spricht man vom Altersstarrsinn, eine seelische Verhärtung, die auf dem Boden der Intoleranz prächtig gedeiht. Ich war Zeuge eines Tischgesprächs, bei dem sich ein paar ältere Gleichgesinnte hemmungslos die Bälle ihrer Intoleranz zuwarfen. Sie waren unter sich, die Hemmschwellen dadurch gesunken, es konnte losgelegt werden. Es wurde geschimpft über „Ausländerplage", „Asylantengesocks", „Haschbrüder" und abfällig über Abwesende gewettert, um letztlich immer wieder darauf zurückzukommen, dass man es eigentlich selbst am besten macht. Kaum ging der Erste und schloss die Tür hinter sich, wurde er zum Thema, der es unverdient und völlig zu Unrecht viel zu weit gebracht habe. Jeder schien seine Position abzustecken, und man war sich einig: wer woanders steht, ist dämlich, hat keinen Dunst und bedarf der Konfrontation mit der „wahren" Wirklichkeit. Ein typisches Szenario, wenn Intolerante sich gegenseitig anstecken und aufheizen.

Wenn Intoleranz so unbeliebt ist, weshalb beherrschen sie dennoch viele so meisterhaft? Bei allen, die mir begegnet sind, gab es in der Vergangenheit eine seelische Wunde, die schlecht verheilt war. Wenn Kinder von Eltern wiederholt entwertet, herabgesetzt oder lächerlich gemacht wurden, richten sie die Energie ihrer Lebensbewältigung darauf, diesen Schmerz nicht mehr spüren zu müssen. Sie kommen ihm zuvor, indem sie vorbeugend die Selbstaufwertung durch die Ablehnung anderer betreiben, um sich so die Überlegenheit gegenüber anderen zu sichern. Was nach außen so ablehnend, überkritisch, streng und verächtlich aussieht, hat eine überaus verletzliche, weiche Innenseite. Was nach außen als Symbol der Strenge und Überlegenheit eingesetzt wird, ist nichts anderes als eine Maske eigener Unzulänglichkeitsgefühle, die am besten dort bekämpft werden, wo die eigene Person geschont wird: beim Gegenüber oder bei bestimmten Gruppen (die Ausländer, die Schwaben, die Homosexuellen ...), die sich besonders gut für Projektionen von Abwertung eignen.

Besonders auffallend ist diese Haltung bei Menschen, die unter dem „Auserwähltheitssyndrom" leiden. Da sie meinen, zu einer Spezialtruppe zu gehören, steht es ihnen auch zu, gegen andere weniger Berufene oder Auserwählte intolerant sein zu dürfen. Ob Gott oder ein Selbsternannter diese Gruppe ausgesucht hat, mag dahingestellt sein. Jedenfalls findet sich dieses Verhalten häufig unter Ärzten, Psychotherapeuten und an Universitäten. Dort gibt es Professoren, die der Meinung sind, sie seien ganz besondere, extraordinäre, elitäre und gleichsam „heilige" Personen, die in vielem den früheren Priestern gleichen. Ein Student warnt Studienanfänger: „Wenn eine heilige Person dich mit etwas Fachchinesisch und Bemerkungen abspeist wie ‚Sie werden das schon noch lernen, Frau Kollegin/Herr Kollege. Lassen Sie sich erst ein paar Jahre den Wind der Empirie/Theorie um die Ohren blasen ...', sei grundsätzlich misstrauisch." In den elfenbeinernen Türmen einer Alma Mater gelten eigene Gesetze. Wer sich darin gefahrlos bewegen und dazugehören will, tut gut daran, sie peinlichst zu befolgen. Nur ist Intoleranz eine merkwürdige Art, seine Gruppenmitgliedschaft zu demonstrieren. Bei Universitätsärzten sind es die privat Praktizierenden, auf die man hinunterschaut. Bei den Psychotherapeuten hat man nun Ordnung geschaffen und spricht ehrfurchtsvoll von den richtigen Konfessionen, in Abgrenzung zu all den anderen unseriösen oder halbseidenen Verfahren. Es bleibt nur zu hoffen, dass Ärzte und Therapeuten in ihren Eigentherapien das Thema Intoleranz etwas näher beleuchten.

Lieber im Heimkino

Wenn man einen Intoleranten dazu anregt, sich einmal in die Lage eines anderen zu versetzen, um dessen Perspektive oder Verhalten zu verstehen, reagiert er allergisch. Das „Gehen in den engen oder weiten Schuhen eines anderen" führt bei ihm höchstens zu Fußpilz, hat er doch schon genügend Stress, in seinen eigenen Schuhen zu gehen. Wenn ich meine Klienten zum Verlassen ihres Heimkinos animiere, um einmal die Welt mit anderen Augen zu sehen, so ernte ich jedes Mal Abwehr oder heftige Empörung. Sie können es sich kaum leisten, ihr selbst gezimmertes Weltbild einen Moment durch eine andere Sichtweise zu ergänzen, ohne ihr Gesicht zu verziehen, als wären sie gezwungen, Fliegenpilze zu essen. Vielleicht ahnen sie, dass das Leben ganz schön ungenießbar würde, wenn sie bei anderen das tolerieren würden, was sie bei sich selbst tolerieren.

Was sind die seelischen Hintergründe?

- Ihr Selbstwertgefühl konnte sich nicht in einem gesunden Maß ausbilden.
- Sie schützen durch Intoleranz ihre seelische Wunde, die durch frühe Entwertung hervorgerufen wurde.
- Nach außen demonstrieren sie Überlegenheit, um ihre Unzulänglichkeiten nicht spüren zu müssen.
- Sie betreiben Selbstaufwertung durch Ablehnung anderer.
- Ihre Intoleranz ist ein Zeichen für ein schwaches Selbstwertgefühl.
- Sie bekämpfen eigene Gefühle von Schwäche und Unterlegenheit beim Gegenüber.
- Es fällt ihnen schwer, sich in andere zu versetzen und deren Perspektive zu verstehen.
- Sie brauchen das Gefühl, besonders und überlegen zu sein, um sich nicht bedroht zu fühlen.
- Dahinter steckt die Angst vor Unterlegenheit und Wehrlosigkeit.
- Sie sind auch gegenüber den eigenen Gefühlen intolerant.

Vom Umgang mit Stachelschweinen

Sicher haben Sie im vorigen Abschnitt ein paar „Stachelschweine“ erkannt und vielleicht festgestellt: Das sind Menschen, mit denen ich zusammenarbeite, mit denen ich verwandt bin, mit denen ich zusammenlebe, die meine Kunden, Bekannten, Eltern, Geschwister oder Freunde sind. Vielleicht haben Sie auch realisiert, wie sehr Sie bisher Ihren stacheligen Zeitgenossen die Kontrolle über Ihre Reaktionen und Emotionen überlassen haben, statt selbst darüber zu befinden und zu entscheiden.

Bis jetzt habe ich nur darüber gesprochen, wie man Stachelschweine identifiziert. Die einzelnen stacheligen Typen unterscheiden zu können, ist aber nur der erste Schritt. Selbst wenn man alle Merkmale von Stachelschweinen auswendig lernen würde, wäre man im praktischen Umgang mit ihnen noch keineswegs ausreichend gerüstet, um sie zu zähmen. Theorie und Praxis sind zwar nicht fundamental verschieden, schon allein deswegen, weil wir nur durch praktische Erfahrung zu theoretischen Erkenntnissen kommen, aber je mehr wir diese Erkenntnisse durch Umgang und Übung in die Praxis umsetzen, desto deutlicher und greifbarer werden sie auch zur praktischen Kompetenz.

Es braucht also einen weiteren Schritt, um unter Stachelschweinen zu überleben. Eine alte, hier abgewandelte, Bauernweisheit: „Man kann ein Stachelschwein zur Wasserstelle führen, aber man kann es nicht zum Trinken zwingen. Man kann aber Salz in sein Futter streuen, damit es Durst bekommt." Für den Umgang mit Stachelschweinen bedeutet es zunächst einmal, die Absicht, Bedürftigkeit oder Not, die hinter ihrem Verhalten steckt, zu erfassen und zu verstehen. Darüber hinaus gibt es keine bessere Empfehlung als „Salz ins Futter zu streuen", die Projektionen seines Gegenübers zu erkennen, sich gegen sie abzugrenzen, und dabei auf Verstehensmöglichkeiten zu achten, und diese (wenn sie sich ergeben) auch zu nutzen. Ich gebe zu, dass es auf den ersten Blick etwas anspruchsvoll erscheint, sich vorzustellen, wie man sich wohlwollend abgrenzt und gleichzeitig die Bereitschaft zum Verstehen beibehält. Es bedarf eines Einübungsprozesses, den man vergleichen kann mit dem Hören von Musik. Nicht jeder kann die Stimmen einer Bachschen Fuge hören, auch wenn er sie akustisch vernimmt. Allein das Ohr reicht nicht aus, es braucht besondere Einübung, die erst bestimmte Wahrnehmungen ermöglicht. Entsprechendes gilt auch für den Umgang mit Stachelschweinen, da auch hier Erfahrungen gelten, die nicht nur auf sinnliche Wahrnehmungen beschränkt sind. Es genügt also nicht, sich nur auf das eigene Auge und Ohr zu verlassen, sondern es geht darum zu lernen, die eigenen Gefühle als Hinweise für Verstehensprozesse zu nutzen. Der Umgang mit schwierigen Menschen und der Umgang mit den eigenen problematischen Gefühlen stehen in enger und notwendiger Wechselbeziehung. Beides ist eine Kunst und beide Künste bedingen einander. Man kann keine dieser beiden Künste lernen, ohne nicht auch die andere zu üben. Die gute Nachricht dabei: Jeder Fortschritt in der einen zieht den Fortschritt in der anderen Kunst nach sich.

Stolpersteine

Mit stoischer Ruhe allein kann man sich vor diesen stacheligen Zeitgenossen wohl nicht retten, sonst ändert sich nie etwas. Auch der Versuch, so unnahbar und humorlos wie ein Esel zu sein, ist nicht erfolgsversprechend, denn hin und wieder kann man auch schwierigen Leuten zeigen, wo es langgeht, ohne das eigene Leben zu versäuern. Mit Ermahnungen jedenfalls lassen sich Stachelschweine nicht kurieren. Jeder kennt Ehepaare, die es sich zur lieben Gewohnheit gemacht haben, einander mit Vorwürfen zu erziehen: „Kannst du nicht endlich mal ...!" „Lass das!" ... „Ich habe dir schon tausend Mal gesagt!" ... „Werd' endlich erwachsen!" ... „Wie kann man bloß so dumm sein!" ... „Ganz wie deine Mutter!" ... „Fang bloß nicht wieder an zu heulen!" Die Resultate solcher pädagogischer Maßnahmen sind nicht ermutigend; vor allem wenn das Alter dann in handgreifliche Nähe rückt, bleibt oft nur noch die Schwerhörigkeit oder die Abstumpfung.

Ebenso können Veränderungsversuche ins Auge gehen, die aus einem Saulus einen Paulus machen wollen. Wer bisher als misstrauischer Sauertopf gelebt hat, wird wahrscheinlich nicht plötzlich als „Harmoniespender" durch die Gegend laufen wollen. Oder wer bisher als Entertainer für Stimmung gesorgt hat, dem ist sicher nicht gedient, wenn er sein Muster gegen eisernes Schweigen austauscht. „Du kennst nur den Zustand ein- oder ausgeschaltet", meinte eine Frau, deren bis dahin wortkarger Mann plötzlich zum unbeholfenen Witzereißer avcancierte. „Das hat man nun davon", sinnierte er und fiel wieder in sein gewohntes Schweigen. Ziel kann also nicht sein, von einem Extrem ins andere zu verfallen, sondern eine Flexibilität zu erreichen und das eigene Repertoire zu erweitern, um je nach Situation mehr Wahlmöglichkeiten zur Verfügung zu haben.

Umgangsformen mit Stachelschweinen, die sich anhören wie das Palaver in Selbsterfahrungsgruppen, produzieren eher Peinlichkeit oder Lacherfolge statt konstruktive Veränderungen. Vor allem wenn sie, wie das in manchen Kreisen üblich ist, im Jargon der Betroffenheit daherkommen: „Das berührt mich total", „Mein Bauch sagt mir", „Ich bin ungeheuer betroffen", oder sich anhören wie in einer Talk-Show: „Was geht gerade in dir vor?". Weit erfrischender wäre es, seine persönlichen „Ecken und Kanten" zu zeigen, damit der andere begreift, wie er mit mir umgehen kann, ohne sich an mir zu stoßen. Und wenn das manchmal „italienisch laut mit Opernbegleitung" zugeht, ist das immer noch gesünder als larmoyante Betroffenheitsgestik.

Auch gut gemeinte Ratschläge können sich furchtbar auf das Gemüt schlagen. Bekanntlich kann man einen Schüchternen durch nichts so leicht zum Erröten bringen wie durch den wohlgemeinten Rat: „Aber Sie müssen doch nicht gleich rot werden!" Jemandem, der missmutig und deprimiert ist, braucht man nur zu empfehlen: „Nimm's leicht", um ihn vollends in die Schwermut zu treiben. Wenn man will, dass ein unter Druck stehender Hektiker ganz aus dem Häuschen gerät, hilft ein bewusst langsam artikuliertes: „Immer mit der Ruhe!" und sein Blutdruck wird sprungartig nach oben schießen.

„Was will niemand ungefragt geschenkt bekommen?", frage ich eine pfiffige, ältere Dame. Augenzwinkernd meint sie nach einer längeren Denkpause: „Ungefragte Ratschläge, Belehrungen, Vorwürfe, feindseliges Schweigen, kalten Kaffee, Stützstrümpfe und Mundspray." Was will man da noch hinzufügen?

1. Wie geht man mit dominanten Kontrolleuren um?

Wenn ich Menschen frage, wie sie mit Kontrollfreaks umgehen, so gibt es zwei Lager. Die einen, mehr alttestamentlich Orientierten meinen: kontern, zurückschießen, bloßstellen oder blamieren, einmal so richtig auflaufen lassen, heimzahlen, während die eher neutestamentlich Orientierten eine weichere Gangart einschlagen: Recht geben, schmeicheln, beschwichtigen, die Eitelkeit befriedigen. Also lieber unterwerfen oder kontern?

Beide Strategien sind keine empfehlenswerten Maßnahmen wider kontrollierende Besserwisserei. Sie befriedigen zwar gewisse Rachegelüste, verstärken aber auf lange Sicht die Kontrollsucht und vergiften die Atmosphäre. Die Unterwerfungstaktik bringt vielleicht für den Moment einen Scheinfrieden, aber sie verändert auf Dauer wahrscheinlich nur wenig.

Zu bedenken ist, dass Kontrollfreaks, die um jeden Preis Recht haben wollen, häufig Außenseiter sind. Das heißt, sie sind einsam, obwohl sie die Weisheit der Welt gepachtet haben. Die größte Herausforderung im Umgang mit ihnen ist, sie nicht noch einsamer zu machen, sondern zu versuchen, eine andere Art von Kontakt zu etablieren, als den, den sie durch Bevormundung und Belehrung ohnehin herzustellen gewohnt sind. Es geht darum, sie dazu zu bringen, alternative Sichtweisen in Betracht zu ziehen, ohne dass man sie direkt angreift. Dazu gehört beispielsweise das Talent, in Konfliktsituationen darauf hinzuweisen, dass auch ein Missverständnis denkbar wäre. Oder die Kunst zu vermitteln, die die alte Volksweisheit im Blick hat: „Wie man in den Wald hineinruft, so schallt es heraus." Wer sich wegen Kleinigkeiten aufregt und zu bösartigen Unterstellungen neigt, der braucht sich nicht zu wundern, wenn niemand mehr auf die Idee kommt, den roten Teppich auszurollen.

Bedürfnisse aushandeln

Der Austausch mit ihnen gewinnt eine neue Qualität, wenn es nicht mehr darum geht, wer nun Recht hat, z. B. ob diese oder jene Kleidung angemessen ist, ob dieses oder jenes gesagt wurde, was sich gehört, was falsch oder richtig ist, sondern um die Frage: Was ist dir so wichtig daran, dass diese Sache so gemacht wird? Was bedeutet es für dich? Was hast du gehört? Was liegt dir daran? Es geht um die Einsicht, dass Bedürfnisse weder falsch noch richtig sind, sie sind einfach da. Bedürfnisse sind persönlich, subjektiv und entziehen sich der moralischen Bewertung. Statt zu sagen: „Nun reg dich doch nicht so auf!" oder „Sei doch nicht so stur!", zeigen Sie, dass Sie Ihr Gegenüber ernst nehmen. Wie kann man das demonstrieren? Ganz einfach:

„Ich verstehe, dass du aufgebracht bist." Oder: „Obwohl ich in diesem Punkt deiner Meinung bin, gibt es doch einen Aspekt, den ich anders sehe." Oder: „Ich kann verstehen, weshalb du daran interessiert bist, es auf diese Weise zu tun, aber ich glaube, du hast etwas übersehen. Ich würde dir gern erklären, was ich meine." Solch eine Haltung vermittelt Akzeptanz und Respekt. Es geht darum, dem anderen durch Gesten und Fragen zu zeigen, dass man seine Auffassung respektiert und ihm das Gefühl von Wichtigkeit und Anerkennung gibt.

Lieber Recht haben oder glücklich sein?

Wann immer Menschen sich darüber beklagen, dass andere ihnen nicht zustimmen, obwohl sie Recht haben, lautet eine der zentralen Fragen, ob sie lieber Recht haben oder glücklich sein wollen. Mitunter gelingt es, beides zu haben, aber wie oft mühen sich Menschen mit der Aussichtslosigkeit ab, andere auf ihre Seite zu bekommen. Sie wollen hören, dass sie Recht haben, obwohl der Weg dahin mit Elend gepflastert ist. Statt stecken zu bleiben und sich in Endlosgefechten zu verheddern, kann es zu einer dramatischen Wende führen, wenn man die Frage stellt: „Willst du lieber Recht haben oder glücklich sein?" Das kann selbst auf dem Höhepunkt eines heißen Gefechts, auf dem man meint, kurz vor dem Sieg zu stehen, bedeuten: anhalten, sich eine Auszeit nehmen. Auch bei kampferprobten Ehepaaren bietet sich diese Art von Waffenstillstand an: Anhalten, Auszeit nehmen, einen neuen Termin für die nächste Runde vereinbaren. So hat jeder die Chance, die tiefer liegende Bedürfnisse zu entdecken, die sich mit dem Recht-haben-Wollen verbergen. Es lebt sich gesünder, wenn man Rechthabereien begraben kann und einsieht, dass das eigene Selbstwertgefühl nicht sonderlich auf der Asche anderer Glaubensüberzeugungen gedeiht. Einmal scheiterte ich mit dieser Frage. Ich stellte sie einem siebzehnjährigen Mädchen, die später einmal in der Verbrechensbekämpfung tätig sein will. Gelassen meinte sie: „Natürlich will ich glücklich sein, aber um glücklich zu sein, muss ich Recht haben."

Toleranz in Aktion

Im Umgang mit kontrollierenden Besserwissern kann man wichtige Lektionen lernen. Zum Beispiel, dass es kein Problem sein muss, Unrecht zu haben. Niemand ist frei davon. Manche haben öfter Unrecht als andere, aber die Buchführung darüber wird nur Rechthaber interessieren. Es kann sogar lehrreich sein, mit Rechthabern zu tun zu haben, wenn man bereit ist, gut zuzuhören und zu verstehen, dass hinter jedem Recht-haben-Wollen ein Bedürfnis nach Wertschätzung und Anerkennung steckt. Was man dabei lernt, ist Toleranz in Aktion. In der Begegnung mit einem rechthaberischen Menschen kann man lernen, Wertschätzung zu geben, obwohl er offensichtlich irrt. Wenn man bedenkt, dass unter dieser Schicht von Rechthaberei alte Schmerzen, Traumata oder Verzweiflung begraben liegen, bleibt nur eines: sanft und respektvoll sein. Also nicht boshaft werden oder umerziehen. Die Frage ist ohnehin, ob man sich den Luxus leisten will, seine pädagogischen Talente ohne Auftrag und Honorar anzubieten. Wenn man es sich gar nicht verkneifen kann, dann stiftet man lieber eine kleine Überraschung. Zum Beispiel durch ein Kompliment: „Toll, wie du deine Meinung vertrittst" oder „Ich finde deine Logik höchst interessant" oder „Selten habe ich Gesprächspartner, die so genau Bescheid wissen".

Um nicht in den gleichen Fehler zu verfallen wie diese Besserwisser, muss man nicht alles mit Zähnen und Klauen verteidigen, was man für richtig hält. Selbst wenn man von etwas überzeugt ist, muss es der andere noch lange nicht sein. Schon allein deswegen nicht, weil sich vielleicht herausstellt, dass man sich getäuscht hat. Dann ist man erleichtert, wenn man nichts Voreiliges gesagt hat. Außerdem liegt die Wahrheit ohnehin fast immer in der goldenen Mitte. Eine Empfehlung ist die Selbstbeobachtung. Man beobachtet sich selbst, während man auf diese Personen wieder einmal auf die übliche, verbissene Art reagiert, als würde man neben sich selbst stehen und sich dabei zuschauen. Der holländische Torwart Breukelen beschreibt dies eindrücklich in einem Interview mit der Süddeutschen Zeitung, wie ihm ein Mentaltrainer die Augen geöffnet hat: „Er hat mich in den Spiegel schauen lassen. Und dort habe ich jemanden gesehen, der verzweifelt etwas beweisen wollte, der wie verrückt um Anerkennung und Respekt gerungen hat. Danach habe ich alle Energien darauf gelenkt, einfach ein guter Torwart zu sein. Und nicht einmal ein Jahr später war ich auf dem Höhepunkt meiner Karriere." (Süddeutsche vom 9.6.2004)

Perspektivenwechsel

Kontrollfreaks frage ich, ob sie bereit sind, ihre Argumente einmal von der Seite anzuschauen. Es funktioniert meistens. Allein der Blick von der Seite oder sogar in den Spiegel, und die damit verbundene unliebsame Selbsterfahrung, genügen manchmal schon, dass sogar hartgesottene Kontrollwächter plötzlich den Spiegel abdecken wollen oder über sich selbst zu lachen beginnen. Eine Mutter zu ihrer vierzehnjährigen Tochter: „Wie läufst du denn wieder herum? So einen Fetzen zieht man nicht mal zur Gartenarbeit an!" Tochter: „Ich hab' aber Lust dazu!" Mutter: „Schon allein vom Anschauen krieg' ich eine Blaseneentzündung und dein Zimmer hast du auch nicht gesaugt." Tochter: „Sonst noch was zu meckern?" Nach mehreren erfolglosen Runden konnte die Mutter einsehen, dass sie auf diese aufdringlich-kontrollierende Weise ihrer Tochter nicht zum Glück verhelfen konnte. Sie konnte sogar grinsen über ihr Verhalten. Wahrscheinlich liegt in der Übertragung eigener Anliegen, der Schlüssel für die Haltung, man müsse den anderen durch Ermahnungen zur Tugend, Vernunft und Ordnung führen. Die Mutter erinnerte sich nämlich, wie sie selbst als junges Mädchen ihr Taschengeld für String-Tangas ausgab. „Wahrscheinlich braucht meine Tochter noch Zeit, um zu kapieren, dass es sich in diesen Walle-Walle-Gewändern viel bequemer wohnt." Wer sich über sich selbst amüsieren kann, gewinnt Abstand und kann sich nicht wie eine Bulldogge festbeißen an seiner Beute. Lachen ist, wie Erich Kästner sagte, der beste Start fürs Denken. Es hilft, kleinere oder größere Munition im Umgang mit anderen zu entschärfen. Da Kontrollfreaks sich selbst sehr ernst nehmen und ihr Sinn für Humor sehr beschränkt ist, wenn es um ihre eigene Person geht, ist ihnen wenig geholfen, wenn man aus Feigheit, oder um Konflikte zu vermeiden, ständig nachgibt. Ein junger Mann, der seiner Schwiegermutter zu verstehen gab, dass sie ihn mit ihren pädagogischen Aufträgen verschonen sollte, hatte zunächst Schuldgefühle, weil alle fanden, er sei ein wenig zu weit gegangen. Immerhin war seine Schwiegermutter mehr als ein halbes Jahr lang beleidigt. Aber irgendwann erschien sie wieder beim Familiengeburtstag, dieses Mal nicht als Gouvernante, sondern strahlend wie ein Honigkuchenpferd. Was war geschehen? Sie meinte grinsend: „Hat sich erledigt!" Und dann erzählte sie, wie sie über Selbstmord nachdachte, woraufhin ihr Berater meinte: „Das wäre selbstverständlich auch eine Lösung." Das gab ihr sehr zu denken.

Ich denke an einen Ehemann, der sich maßlos darüber aufregte, dass seine Frau zuviel Geld „herausschmeißen" würde. Als er eines Abends bei einem Glas Wein Zweifel darüber bekam, ob er überhaupt ein liebenswerter Mensch sei, setzte ihm die peinliche Erkenntnis ziemlich zu, dass er in Wirklichkeit mehr Geld ausgab als sie. Seine Fähigkeit der Selbsteinschätzung hatte durch seine starre Haltung etwas gelitten. Seither ist er klüger und sanfter geworden. Er hat verstanden, dass es sich nicht lohnt, Kleinigkeiten zu kontrollieren und sich darüber aufzuregen, da ohnehin alles Kleinigkeiten sind.

Merken Sie sich ...

- Weder „Auge um Auge“ noch defensive Unterwerfung sind empfehlenswerte Reaktionsweisen.
- Versuchen Sie, alternative Sichtweisen in Erwägung zu ziehen, ohne direkt anzugreifen.
- Zeigen Sie Respekt, ohne unterwürfig zu sein.
- Üben Sie Toleranz, auch wenn der andere irrt.
- Balancieren Sie den Besserwisser mit der Frage aus: „Lieber Recht haben oder glücklich sein?“
- Verführen Sie zu einem Blick „von der Seite“.
- Stecken Sie an durch eine leichte, optimistische Sicht der Dinge.
- Bringen Sie den anderen zum Lachen.

2. Wie kommt man mit den aggressiven, harten Brocken zurecht?

Irgendwo las ich den eindrücklichen Spruch „Was kümmert’s die Eich’, wenn sich die Sau daran reibt?“ Es gibt Menschen, die es schaffen, mit ekelhaften Zeitgenossen so reizend und charmant umzugehen, dass man jeden Moment damit rechnen kann, dass über ihrem Kopf ein Heiligenschein aufgeht. Den meisten aber ist diese Gabe nicht in die Wiege gelegt. Sie müssen lernen, wie man wem, wann, welche Grenzen zeigen sollte. Die Fähigkeit, sich zur Wehr zu setzen, sich nicht alles bieten zu lassen, und wenn es sein muss, auch mal die Zähne zu zeigen, heißt, zu sich selbst zu stehen. Und diese Fähigkeit ist im Umgang mit feindselig-aggressiven Zeitgenossen notwendig. Der Weg des geringsten Widerstandes ist zwar eleganter, aber wenn man es mit aggressiven Menschen zu tun hat, die schon beim mittelschweren Wutanfall emotional auf das Alter von sechs Jahren regredieren, holt man sich lieber Rat bei wutgeplagten Eltern. Sie haben Erfahrung, wie man mit Schreihälsen umgeht. Da helfen keine logischen Erklärungen oder tiefsinnigen Analysen, und im Prinzip wissen sie, auch wenn ihnen hin und wieder der Gaul durchgeht, dass es sicher klüger ist, nicht zurückzuschlagen. Aber es gibt Situationen, vor allem die, die sich im oberen Bereich der Richterskala der Aggression befinden, die es erfordern, dass man sich selbst Respekt verschafft und sich schützt.

Lieber ein bisschen böse

Im Kino steht Humphrey Bogart für diese Spielart. In einer Welt, wie sie nun mal ist, verkörpert er die Haltung, dass es besser sei, wenn auch die Friedfertigen einige der Verhaltensweisen aufzuweisen hätten, die die Spezialität ihrer Widersacher sind. Wer die Strategien seiner Gegner nicht bis zu einem gewissen Grad beherrscht, wird die Position des Guten kaum lange halten können. Wenn man sich nämlich herumboxen und unterbuttern lässt und alles gleich versteht und verzeiht, besteht die Gefahr, dass man selbst zum Mitspieler auf der aggressiven Bühne avanciert. Dann kann das Drama zu einem Endlosdrama ausarten, das wie eine verschleppte Krankheit immer wieder ausbricht. Wenn man mit harten Brocken zu tun hat, dann ist Gleichmut, Sanftmut als Mittel vergleichbar mit dem Waschen von Kochwäsche im Seidenwaschprogramm. Das heißt nun nicht, dass man jemandem gleich eimerweise mit kochendem Wasser den Pelz waschen muss, ein Eimer Wasser, gezielt eingesetzt, hätte sicher auch seine unmissverständliche Wirkung. Man sollte anderen nie mehr auf die Füße treten als unbedingt erforderlich. Jeder hat das Recht wütend zu sein, auch man selbst. Man braucht ja nicht gleich zu geschmacklosen Schimpfwörtern greifen, wenn es auch dezentere tun. Schließlich hat man Hochdeutsch gelernt und spricht es auch unter erhöhten Temperaturen. Es geht darum, zu demonstrieren, dass man eine Meinung hat und auch das Recht, sie zu äußern, selbst wenn das mitunter zu einem Donnerwetter führt. Dessen reinigende Wirkung sollte man nicht unterschätzen, vorausgesetzt, es geschieht in einer einigermaßen tragfähigen Beziehung. Es muss auch kein ernstes Donnerwetter sein. Manchmal hilft schon, dass man ein wenig verrückt spielt, aber eben wohlgemerkt – ohne den Kopf zu verlieren.

Eine Sicherheitszone schaffen

Aggressive Zeitgenossen, die bis an die Zähne aufrüsten, haben den Sinn für Grenzen eingebüßt. Das heißt, sie können Grenzen nicht mehr respektieren und überschreiten sie ohne Rücksicht auf Verluste. Da heißt die erste Regel: eine Sicherheitszone für sich selbst schaffen. Also nicht den Gegner versorgen, sondern für sich selbst sorgen. Dazu braucht es eine sichere Zone, das heißt, ein Gebiet, in das die aggressive Ladung nicht eindringen kann. Das kann eine emotionale Zone sein, eine räumliche oder eine körperliche. Wenn man also nicht zum Futter werden will, ist die Sicherheitszone wichtig, auch wenn es bedeutet, den Ort oder den Raum zu verlassen. Oder eine Auszeit zu nehmen. Und wenn alles nichts hilft, flüchten. „In Gefahr und höchster Not bringt der Mittelweg den Tod" lautet ein dazu passender Filmtitel von Alexander Kluge.

Brüllerprobte Eltern wissen: Man muss die lieben Kleinen erst mal brüllen lassen und nicht gleich mit vernünftigen Ratschlägen oder Süßigkeiten beruhigen. Für den Umgang mit aggressiven Widersachern bedeutet das: die eigene Position wahren, sie direkt anschauen, tief durchatmen und ihnen Zeit geben, Dampf abzulassen und den Gang herunterzufahren. Wenn nicht gerade körperliche Gefahr besteht – erwachsene Koller sind etwas gefährlicher als kindliche – gilt es, durch den brennenden Reifen zu springen. Am besten nach dem Vorbild von James Bond: bestimmt, beherrscht und mit einer gewissen Portion von Coolness. Nicht mit Plastikstimme, nicht heftig argumentieren, debattieren, schmeicheln oder eigene Gefühle mitteilen und vor allem keine schlauen Empfehlungen oder Belehrungen austeilen. Es geht zunächst nur darum, das aggressive Verhalten des anderen zu konfrontieren – und wohlgemerkt – nicht seine Person.

Manieren, die man im Elternhaus oder in der Tanzstunde gelernt hat, kann man getrost zurückstellen, wenn man in einen durchfallartigen Wutschwall gerät. Da aggressive Leute gern ohne Punkt und Komma reden, müsste man warten, bis man blau wird, bevor man zu Wort kommt, wenn man nicht energisch und deutlich unterbricht.

Um ihre Aufmerksamkeit zu gewinnen, hat der Mythos vom gern gehörten eigenen Namen hier seine besondere Berechtigung. Wenn man jemanden mit Entschiedenheit in seine Grenzen weisen will, verleiht man seiner Aussage ein besonderes Gewicht, wenn man ihn beim Namen nennt. „Das sehe ich anders, Jonathan." Oder: „... wenn ich das noch zu Ende sagen darf, Frau Öchsle."

Auf Augenhöhe

Die Kunst, mit Menschen umzugehen, die ausrasten, beginnt mit dem Dialog auf Augenhöhe, also weder von oben herab noch von unten herauf. Wenn Adrenalin im Spiel ist, kann man bekanntlich schlecht argumentieren, aber man kann es sich gemütlicher machen, indem man sich beispielsweise hinsetzt und den anderen ebenfalls dazu bringt, sich zu setzen. „Wenn wir schon diskutieren, können wir es uns wenigstens bequem machen", oder man deutet mit einladender Geste auf einen Stuhl: „Darüber sollten wir lieber im Sitzen sprechen." Im Sitzen sind die meisten Menschen weniger aggressiv als im Stehen, deshalb lohnt sich dieses einfache dramaturgische Rezept. In China nennt man diese Strategie „den Tiger vom Berg in die Ebene locken".

Es ist nicht einfach, sich in der Hitze eines Gefechts richtig zu verhalten. Bei Kindern mag Ablenkung funktionieren nach der uralten Technik: „Oh, guck mal, ein Vögelchen." Erwachsene reagieren darauf meist noch aufgebrachter, weil sie nur ihre eigene Wut spüren und daher nicht richtig zuhören. Es ist erstaunlich, wie sogar Menschen, die kurz vor dem Explodieren stehen, nicht wahrnehmen, dass sie wütend sind „Ich ... wütend – ich bin überhaupt nicht wütend, ich sage nur, was ich denke." Dieser eklatante Mangel an Selbstwahrnehmung führt dazu, dass sie unter keinen Umständen hören wollen, dass sie außer Kontrolle geraten sind. Sie hassen es, durchschaut zu werden. Ob ihre Gefühle gerechtfertigt sind oder nicht, sie sind offenbar darin gefangen, deswegen sollte man sie nicht herabsetzen („Merkst du, wie durchgeknallt du bist?"), lächerlich machen („Du solltest mal in den Spiegel sehen, wie du gerade aussiehst"), beleidigen („Schon länger keinen Herzinfarkt mehr gehabt?") oder im Supermann/Superfrau-Kostüm auftreten. Kurzum: Kein Öl ins Feuer gießen! Am besten man stiehlt seinen rasenden Gegnern das Echo. Wenn man nämlich aufgebracht reagiert und ihn herunterputzt, dürfte es schwer sein, die Beziehung zu der betreffenden Person je zu verbessern. Außerdem kann der Schuss nach hinten losgehen und die eigene Selbstachtung untergraben. Man kann Menschen nicht zwingen, ihre Wut herunter zu schlucken, aber man kann aufhören, sie dafür zu bestrafen und abzuwerten. Man kann sogar beim nächsten Wutanfall den gelassenen Versuch machen, zu denken: „Aha, das ist jetzt ein Tobsuchtsanfall." Und dann konzentriert wahrnehmen, wie der andere seine Gefühle auslebt, ohne zu werten und zu verurteilen. Ihn einfach so zu nehmen, wie er ist, das ist zweifellos eine elegante und gelassene Methode, die allerdings nicht so einfach umzusetzen ist, vor allem wenn man es mit Wiederholungstätern zu tun hat.

Nicht Gleiches mit Gleichem vergelten

Grundsätzlich gilt dennoch: Nicht mit den gleichen Mitteln zurückschlagen. Erstens, weil die Gefahr ziemlich groß ist, dass man verliert. Gegenüber hypertonischen Feuerköpfen, die von

Natur aus eklig sind oder lange dafür geübt haben, ist man in der Regel ein blutiger Amateur. Außerdem fehlt den von Natur aus weniger aggressiven Menschen der Ehrgeiz, die Motivation und die Verbissenheit, ganz zu schweigen von der Technik, um überhaupt als Sieger in Betracht zu kommen. Man sollte sich seine Biographie nicht verhunzen und sich im Zorn abnutzen durch Clinchs, die von vorn herein zum Scheitern verurteilt sind. Zweitens lässt sich Aggressivität nicht kurieren, indem man nun selbst versucht, der Superman zu sein oder die Oberhand zu behalten. Selbst wenn man kurzfristig auf der „user“ statt auf der „loser“ Seite steht, verzieht sich die Aggressivität nur auf Nebenschauplätze oder in den gefährlichen Untergrund, um von da aus wie ein Bumerang beim nächst besten Moment zurückzuschlagen.

Bemüht man sich, Haltung zu bewahren, sich zu wehren und seinen Standpunkt zu vertreten, ohne zurückzuschlagen, dann wird nicht nur die Wut verfliegen – niemand kann nämlich andauernd wütend sein –, es kann sogar passieren, dass das Gegenüber so etwas wie Respekt entwickelt, weil ihm jemand die Stirn geboten hat, ohne sich als Konkurrent anzubieten. In den USA gibt es eine Volksweisheit, die das sinngemäß zum Ausdruck bringt: „Wehr dich gegenüber den harten Brocken und sie werden deine Freunde.“ Falls alle Stricke reißen und die Situation derart verfahren ist, dass einem nichts Passendes mehr einfällt, bleiben immer noch Denk- und Atempausen, in denen sich die Gemüter etwas abkühlen können: „Lass uns erst mal nachdenken!“ oder „Ich muss erst mal in mich gehen.“

Ignorieren, affirmieren, utilisieren oder resignieren?

Das Feld der aggressiven feindlichen Konflikte ist weit und spannend. Es reicht von buchstäblich knochenharten Feindseligkeiten bis hin zu harmlosen Widersprüchen, ärgerlichen Pannen oder Pleiten. Gegen die alltäglichen Reibereien, die sich zwischen Menschen abspielen, gibt es jede Menge schlauer Ratgeber, die im Prinzip alle auf dasselbe hinauslaufen: positiv denken, Gemeinsamkeiten finden, Angriffe nicht persönlich nehmen, innerlich Abstand bewahren, über den Dingen stehen. Das klingt vernünftig und in der Tat gibt es heutzutage theoretisch jede Menge Tipps und Tricks, nur leider hapert es in der Praxis. Da wird die eigene Phantasie vom Alltag spielend überholt in dem, was so abgeht an giftigen kleinen Aufführungen, die immer wieder neu gespeist werden von unterdrückter Aggressivität.

Was bleibt also? Statt ernster Theorien möchte ich Einstellungen vorschlagen, mit denen man Menschen, die unter Strom stehen, begegnen kann. Bevor man sich überhaupt anstecken lässt, sollte man einmal überlegen, ob die leidige Angelegenheit nicht eher etwas zum Lachen ist. Ich fragte Luis, den spanischen Hoteldirektor, wie er es mit seinen stromgeladenen Gästen hält. Grundsätzlich meinte er, solle man seinen ganzen Kopf benutzen. Also nicht nur die vorderen Stirnlappen, wo das logische, rationale Denken sitzt. Die Lösungen sitzen im Hinterkopf und dort gilt: 1) Sei freundlich zu deinen Gästen! 2) Gönne den Leuten ihre Gaudi! 3) Auch Dickschädel wollen und sollen lachen!

Menschen mit Herz und Verstand verstehen sich auf die Gabe des Humors, die gerade im Umgang mit Menschen, die wie die berühmten HB-Männchen in die Luft gehen, verhindert, dass sie schon vor der Zeit auffahren gen Himmel. Humor ist eine freundliche Form der Weitergabe von Einsichten und die beste Voraussetzung zur Selbstdistanzierung. Killerphrasen wie „Das haben wir schon immer so gemacht“ kann man ergänzen „ … bis zum bitteren Ende“, dann hat man zumindest eine Atempause erreicht. Wem es gar gelingt, sein Gegenüber mit einer witzigen Replik zum Lachen zu bringen, der hat jede verfahrene Situation erst einmal entschärft. Lachen wirkt wie ein Beruhigungsmittel, und am meisten brauchen es diejenigen, die selbst nicht viel zu lachen haben. Im Witz zeigt sich, dass jede Idee, jedes Missgeschick, jeder Streit auch aus einer anderen, überraschenden Perspektive betrachtet werden kann. Selbst die unfröhlichste, um nicht zu sagen, trostloseste Situation lässt sich ertragen, wenn man sich damit tröstet, dass der andere mit seinen spezifischen Mitteln ebenfalls für eine gewisse Heiterkeit zu sorgen vermag, sozusagen als passiver Humorist. Natürlich war es wieder einmal Wilhelm Busch, der dazu eine gültige Sentenz verfasste: „Dummheit, die man bei anderen sieht, wirkt meist erhebend auf das Gemüt.“ Nur muss man sich natürlich klar machen, dass der eigene Humor dabei manchmal auf harte Proben gestellt wird. Und oft fällt einem die witzige Entgegnung erst einen Tag später ein. Am besten lernt man sie dann auswendig, um sie für spätere ähnliche Situationen parat zu haben.

Nicht zu ändern ist, dass es harte Brocken gibt, aber es bleiben noch ein paar Optionen im Umgang mit ihnen: sie zu ignorieren (mag dies auch fehlschlagen, so verschafft es doch eine Verschnaufpause), zu resignieren (sich ergeben als bewusste Wahl und nicht aus Verlegenheit oder Feigheit), zu akzeptieren (leidenschaftslos wahrnehmen was und wie es ist), zu affirmieren (die Situation bejahen, aus welchen Gründen auch immer) oder zu utilisieren (aus dem Schwierigen noch Nutzen zu ziehen, bzw. aus der Not eine Tugend machen, umdeuten). Hauptsache, nicht jammern und klagen, sondern zu einer spielerischen, eigensinnigen Antwort finden.

Merken Sie sich ...

- Gleichmut und Sanftmut sind fehl am Platz bei harten Brocken.
- Lassen Sie sich nicht alles bieten und zeigen Sie die Zähne.
- Konfrontieren Sie das Verhalten im Klartext und nicht die Person.
- Nehmen Sie Augenkontakt auf und sprechen Sie ihr Gegenüber mit Namen an.
- Setzen Sie sich.
- Lassen Sie Ihr Gegenüber seine Gefühle loswerden.

- Nicht herabsetzen, lächerlich machen oder beleidigen.
- Legen Sie gegebenenfalls Pausen ein oder unterbrechen Sie das Gespräch, bevor es eskaliert.
- Haben Sie Mut zu eigensinnigen Antworten.

3. Wie bleibt man Optimist unter misstrauischen Menschen?

„Und der Haifisch, der hat Zähne und die trägt er im Gesicht, und Macky, der hat ein Messer, doch das Messer sieht man nicht". Brechts Dreigroschenoper ist ein deprimierendes Stück, zeigt es doch das Leben, wie es nur allzu häufig ist. Der Haifisch zeigt seine Zähne, ihm dürfen wir nicht vertrauen, aber Macky tut freundlich, versteckt sein Messer und seine bösen Absichten. Menschen, die Misstrauen säen, fällt es schwer, über den Weg zu trauen, sie reduzieren nämlich auch für sich selbst den Anspruch vertrauenswürdig zu sein. „Wie du mir, so du dir." Um vor ihnen zu bestehen, braucht es eine gewisse Stärke. Die kann man sich antrainieren, aber es ist auch eine gehörige Portion Naturtalent nötig. Da der Umgang mit ihnen oft zu extremen Spannungen führt, liegt die Versuchung nahe, um diese Personen einen großen Bogen zu machen. Handelt es sich aber um jemanden, der einem nahe steht, würde dieses Ausweichen das ohnehin schon auf der Lauer liegende Misstrauen nur noch schüren und verstärken. Was bleibt also?

Kleine Sünden, große Wirkung

Da misstrauische Menschen stets zu Verdächtigungen und Missgunst neigen, gilt es, zumindest Momente einer Gesprächskultur zu retten, um dem Wachstum von Vertrauen keine unnötigen Hindernisse in den Weg zu stellen. Ein Mittel ist, im Gespräch so eindeutig, klar und deutlich wie möglich zu sein.

Originalton einer misstrauischen Person: „Wenn dir etwas nicht passt, dann sage es, und zwar ziemlich deutlich. Dann kann ich mich, wenn du nichts sagt, darauf verlassen, dass alles in Ordnung ist." Auch wenn man ein wenig poetischer, kreativer veranlagt ist, so lohnt sich der Verzicht auf Ungenauigkeiten, Zweideutigkeiten, Komplexität oder witzige Ironie, denn Misstrauische brauchen ihre eigene Pädagogik. Davon berichtet ein Ehemann: „Wissen Sie, wie es mir glückte, dass meine Frau mir vertraut: Ich bringe ihr jeden Montag den Müll raus." Dieses Beispiel deutet auch an, weshalb misstrauische Zeitgenossen so wenig Humor haben. Sie pochen darauf, zu wissen, woran sie sind. Vielschichtigkeit, Differenziertheit, Komplexität, das ist nicht ihr Terrain. Dass Vertrauensbrüche kontraindiziert sind, versteht sich von selbst. Fast genauso wichtig ist das Unterlassen von Tricks und vermeintlich cleveren Schachzügen, mit denen man meint, sich kleine, kurzfristige Vorteile verschaffen zu können. Sich herausreden, etwas Nachteiliges verschweigen, um die Harmonie nicht zu gefährden, den anderen bei einer Entscheidung übergehen, etwas vergessen ... – lauter kleine Sünden, die von einem Misstrauischen strengstens geahndet werden.

Die Form wahren

Geht man davon aus, dass Misstrauen und Vorsicht auf einer Achse liegen, auf der sich ein Misstrauischer in beide Richtungen bewegen kann, so liegt es an einem selbst, in welche Richtung er sich bewegt. Wenn das Vertrauen bedroht ist, ist die Form oft klüger als das Herz, die Höflichkeit wahrer und hoffnungsvoller als die eigene Spontaneität. Vertrauen kann man zwar nicht einfordern, aber man kann Spielregeln des Gelingens einhalten, die das vorgeben, was (noch) nicht ist. Die Chinesen nennen diese Strategie „das Brennholz unter dem Kessel wegziehen".

Es beginnt damit, dass man den Wunsch nach Pünktlichkeit respektiert, dass man auf Briefe oder andere Zeichen reagiert, dem anderen nicht ins Wort fällt und Versprechungen einlöst. Die höfliche Erduldung des Misstrauens ist die Unterbrechung des Spiels, das jeder kennt und versteht: dass man den anderen ablehnt, von dem man misstrauisch kontrolliert wird, dass man herumlaviert, um sich zu rächen, dass man lieber seine Kirschen dort isst, wo es entspannter zugeht. Kaum etwas verblüfft einen Misstrauischen mehr, als wenn man aus dem gewohnten Spiel „Wie du mir, so ich dir" aussteigt.

Höflichkeit lässt den anderen in einem liebevolleren Licht erscheinen und es besteht die Chance, dass der andere tatsächlich liebenswerter wird. Wenn man zum Beispiel sagt: „Du sieht heute richtig gut aus." Dann wird er oder sie vielleicht etwas entspannter und man entdeckt möglicherweise neue und sympathischere Züge an der Person. So wie Kinder über die Imitation ihrer Eltern in das Eigene hineinwachsen, kann auch das Spiel der Erwachsenen, die Höflichkeit, bei misstrauischen Menschen zu einer ansteckenden Reaktion führen. Sie wachsen hinein in das, was andere ihnen zutrauen. Dazu gehört auch, dass man sich nicht beeindrucken lässt von ihren auffällig spärlichen Reaktionen auf Kontaktangebote, sondern heiteren Gemüts bleibt im Wissen: Niemand braucht Wärme nötiger als einer, der wenig zu geben hat.

Da geht's lang!

Wichtig für den Umgang ist weiter, bei Konflikten klar Stellung zu beziehen, statt herumzulavieren. Wenn es hart auf hart geht, zeigt sich meist, dass stachelige Zeitgenossen zu warmherzigen, nachgiebigen Mitmenschen weniger Vertrauen haben als zu den prinzipientreuen, überschaubaren und sogar etwas forschen. Dieser Stil steht im Kontrast zu ihrer überbordenden Phantasie, denn bei denen wissen sie, wo es lang geht.

Ein beliebtes Mittel für Misstrauische sind Verhörfragen. Man erkennt sie daran, dass es dabei nicht um das Interesse am anderen geht, schon gar nicht um Einfühlung oder Verständnis, sondern um Beweisaufnahme, Kontrolle und Bestätigung von Unterstellungen oft absurdester Art so nach dem Muster „Gib zu, dass du ..." Solche manipulativen Fragen zwingen den anderen in eine Verteidigungsposition, sich rechtfertigen zu müssen. Meist verletzen diese Fragen jegliche Distanzzone, zumal sie die Antwort gleich mitliefern: „Du hast deinem Mann sicher alles erzählt, oder?" Ein unschlagbares Mittel, um auf misstrauische, übergriffige Fragen zu reagieren, ist die Gegenfrage. Erstens gewinnt man so Zeit, zweitens wird man nicht so leicht dazu gebracht, auf unakzeptable Fragen zu antworten, die irritieren oder ärgerlich machen. Werfen Sie den Schuh zurück und fragen Sie: „Warum fragst du mich das?" oder „Was möchtest du damit sagen?" oder „Warum sagst du mir das gerade jetzt?" Das nimmt dem anderen den Wind aus den Segeln.

Schnippische und zynische Bemerkungen gehören ebenfalls zu diesen Fallen. Auch sie zwingen in die Verteidigungsposition. Statt in diese Falle zu tappen, zeigen Sie, wo es lang geht: Ignorieren Sie diese giftigen Stacheln. Klappen Sie Ihre Ohren auf Durchzug! Oder sagen Sie deutlich, was gerade passiert ist: „Das hörte sich wie ein Angriff auf meine Person an. Oder habe ich dich falsch verstanden?" Oder lassen Sie den Angriff ins Leere laufen: „So möchte ich nicht weiter reden. Ich schlage deshalb vor ... (mir wäre lieber ...)" und äußern Sie einen konstruktiven Wunsch.

Misstrauen zerstreuen

Misstrauische bringen die Kehrseite des Nett-Seins zum Vorschein: Lachen, Witz, Leichtigkeit, Unbekümmertheit ist für sie unberechenbar. Mit ihren feinen Nasen wittern sie hinter allem, was sich spielerisch gibt, Beschwichtigung, Verheimlichung, Verschwörung, Täuschung. Will man nicht eine Kette kleiner, mittlerer oder größerer Verdächtigungen hinterlassen, so ist es vorteilhafter, man gibt sich aufgeräumt, damit sich ihre unaufgeräumten Phantasien beruhigen und auf Null stellen.

Für die Vertrauensbildung im Alltag ist entscheidend, wie

man mit unangenehmen Themen umgeht. Nehmen wir beispielsweise an, Sie haben ein Treffen vereinbart und stellen fest, dass Sie es kaum schaffen, das vereinbarte Datum einzuhalten. Wenn Sie dies erst kurz vor dem vereinbarten Termin „beichten", verscherzen Sie bei einem Menschen, der fasziniert ist von Regeln und Prinzipien, Ihre Vertrauenswürdigkeit. Jemand, der immer alles „richtig" macht, wird sich schon bei kleinen Abweichungen von der Ordnung auf die zügelloseste Art ausmalen, was Sie gegen ihn haben könnten, oder dass Sie aus Angst seine Nähe scheuten. Die Folge: Sie werden in Zukunft und künftig noch häufiger beobachtet oder kontrolliert. Mit anderen Worten, wer Unangenehmes erst ausspricht, wenn er mit dem Rücken zur Wand steht, der belastet sein ohnehin mageres Vertrauenskonto.

Misstrauen in Wachsamkeit umdeuten

Kann man beschließen, sich fortan ganz einfach nicht mehr infizieren zu lassen? Wohl kaum. Und doch gibt es eine Einstellung, die hilfreich ist: Wenn man das Misstrauen als Wachsamkeit umdeutet und akzeptiert, dass der andere sich absichern will und aufgrund negativer Erfahrungen zur Vorsicht neigt, lässt sich ein Ausweg finden. Zeigen Sie dem Misstrauischen, dass er ein Recht hat, sich abzusichern und dass es in seiner Lage und mit seiner Geschichte völlig legitim und verständlich ist. Machen Sie ihm aber auch deutlich, dass zu einer guten Beziehung auch Vertrauen gehört, dass es sich lohnt, zumindest in manchen Punkten zu vertrauen und dass chronische Wachsamkeit jede Gemütlichkeit erstickt. Entdeckt man das positive Element an diesem störenden Verhalten, so lassen sich sinnvollere Wege finden, diesem Drang nach Absicherung nachzukommen. Ist dieses Absicherungsbedürfnis gestillt, ist der andere auch eher bereit, zumindest partiell Vertrauen zu fassen. Und vielleicht muss er dieses Bedürfnis dann nicht mehr auf verquere Art einfordern. Formulieren Sie offen: „Ich möchte, dass du mir in diesem Punkt dein Vertrauen schenkst." Was meinen Sie, wird Ihr stacheliger „Freund" jetzt tun?

Gepflegtes Dummsein

Wenn alles nichts hilft, kann man sich immer noch ein bewusstes Dummsein gegenüber Unterstellungen oder Verdächtigungen gestatten. „Tut mir leid, ich verstehe mal wieder überhaupt nicht, was du mir sagen möchtest." Auch wenn es schwer fällt und gegen das eigene Selbstbild verstößt, so ist es das beste Selbstbewusstseinstraining, wenn man es sich leisten kann, für eine begrenzte Zeit auf sein Wissen und seine Intelligenz zu verzichten. „Außer Kreuzworträtsel kriege ich mal wieder überhaupt nichts auf die Reihe." Oder: „Ich kapier' heute mal wieder nur noch Bahnhof." Auch gezielte Missverständnisse sorgen dafür, dass die Verwirrung dort entsteht, wo sie hingehört – beim Gegenüber.

Angriff: „Gib zu, dass du schlecht über mich redest!" Eine mögliche Missverstehensreaktion: „Ich … gut über dich reden, das habe ich doch immer vermieden." Oder: „Gib zu, dass du mir ausweichst." Mögliche Antwort: „Wie kommst du darauf? Ich mache mich immer sofort aus dem Staub." Oder: „Du reagierst immer gleich so emotional." Reaktion: „Ich … reagiere rational? Ist dir entgangen, dass ich mich bemühe meine Gefühle auszudrücken?" Das ist keineswegs hinterhältig, sondern pure Selbstverteidigung gegen Zumutungen, denen man sich manchmal nur entziehen kann, indem man sich darauf besinnt, schonend mit den eigenen Ressourcen umzugehen.

Merken Sie sich …

- Stillen Sie sein Grundbedürfnis nach Absicherung.
- Wahren Sie die Form.
- Zerstreuen Sie sein Misstrauen.
- Antworten Sie mit Gegenfragen.

- Ignorieren Sie seine Spitzen.
- Deuten Sie Misstrauen in Wachsamkeit um.
- Treffen Sie eine Unterscheidung: Vorsicht ist nützlich, Misstrauen vergiftet die Atmosphäre.
- Gestatten Sie sich ein gepflegtes Dummsein und gezielte Missverständnisse.

4. Was muss man beherzigen, wenn man mit schweigsamen Zeitgenossen zu tun hat?

Kürzlich versuchte ich es im Internet: Kein einziger Eintrag zu dieser Frage. Die ohnehin schon vorhandene Ratlosigkeit wuchs noch weiter, als ich unter Überlebenshilfen recherchierte und lediglich den Rat fand: „Signalisieren Sie dem Schweigsamen, dass Sie ihn verstehen, jedoch Ihre eigenen Ziele dabei nicht aufgeben." Heißt das, man soll mitschweigen, damit der Schweigsame sich verstanden fühlt? Aber wo bleiben dann die eigenen Kommunikationswünsche?

Ich fragte bei dem Berufsstand nach, der sich in einseitiger Kommunikation auskennt: die Zahnärzte. Sie haben es schwer. Tag für Tag müssen sie mit schweigsamen Patienten vorlieb nehmen. Erst einmal losgelegt, warten sie vergeblich auf Antworten, bis auf wenigen Silben wie „ahaa", „ehee", „auaaa" oder hin und wieder einer verzweifelten Linke-Hand-Notbremsung. Dieses Schicksal haben sie sich freiwillig ausgesucht. Was bleibt aber all den anderen, die sich nicht mit Minimalkommunikation begnügen wollen?

Keine splitternackten Fragen

Stellen Sie sich vor, Sie haben jemanden zum Abendessen eingeladen. Nach ein wenig sprachlichem Ping-Pong am Anfang, stehen Sie plötzlich vor der peinlichen Wahrheit, der Sie auch trotz angestrengten Sprudelns nicht entkommen: Ihr Gast hat trotz völlig intaktem Sprechvermögen nichts zu sagen. Höflich schluckt er die angebotenen Speisen, schaut brav vor sich hin und schweigt. Sie stellen Vermutungen an: Hat ihm das Essen nicht geschmeckt? Ist er schlecht gelaunt? Hat er Sorgen? Habe ich etwas falsch gemacht? Rede ich zuviel? Fragen über Fragen, auf die man keine Antwort erhält. Es sei denn, man schafft es, sein Interesse mit geschickten, offenen Fragen zu wecken. Also nicht mit splitternackten Fragen, auf die man mit einem Wort, mit Ja oder Nein antworten kann. „Finden Sie nicht auch?“, „Sind Sie einverstanden?“ Oder noch schlimmer für jemanden, der nicht behelligt werden will: „Jetzt erzähl doch mal was von dir!“

Zu direktes, geradliniges Nachfragen versetzt den anderen in eine Abwehrhaltung und erweckt den Eindruck, man wolle ihn ausfragen. „Wo kommen Sie her?“ oder „Was ist Ihr Beruf?“ sind zwei dieser typischen Verhörfragen, die wie Tiefkühlsteaks auf dem Konversationsteller wirken. Selbst wenn der andere mit einem illustren Städtenamen oder einem imposanten Berufstitel aufwarten kann, erntet man nur kalte Geographie oder Berufsnamen und landet schneller als einem lieb ist vor der unvermeidlichen Frage: Was sage ich als nächstes? Statt Fragen, mit denen man dem anderen einen Maulkorb anlegt, gilt es also, offene Fragen zu stellen, die lebendiges „Fleisch“ in die Unterhaltung bringen.

Offene Fragen

Offene Fragen sind Einladungen zu plaudern und führen zu längeren, informativen Antworten. Es lohnt sich, kleine Umwege zu gehen im Sinne von: „Was hat dich dazu gebracht?“ „Kannst du mir mehr über den Hintergrund deiner Entscheidung erzählen?“ Offene Fragen zeichnen sich dadurch aus, dass man nicht mit einem einfachen „Ja“ oder „Nein“ antworten kann. Sie eröffnen Spielraum und fördern den Dialog: „Was gefällt dir an deiner neuen Stelle?“, „Wie verbringst du dein Wochenende?“,

„Fühlst du dich gut aufgehoben bei deinem Arzt (Anwalt, Berater, Friseur, Fußpfleger)?“

Zauberformel: Du

Es gibt ein Zauberwort, bestehend aus nur zwei Buchstaben, das jedes Gespräch würzt: das DU (bzw. SIE). Warum ist dieses Wort so mächtig? Kleinkinder halten sich für das Zentrum des Universums. Das einzige was zählt, ist „ich“, „mich“, „mein“. Selbst wenn Erwachsene ihre Selbstbezogenheit geschickt tarnen, arbeitet ihr Gehirn immer noch nach dem Lustprinzip „Tut es mir gut? Mag ich das?“ Das Lustprinzip hat eine Schwerkraft, der man sich nur schwer entziehen kann, da Menschen nun mal Lustsucher sind. Wenn man nun Sätze verwendet, die diese Fragen sozusagen unterschwellig beantworten und dem anderen das Denken abnehmen, ist die Chance groß, dass der andere sich öffnet. „Du wirst begeistert sein von diesem neuen Lokal. Hast du Lust mitzukommen?“ Wer so angesprochen wird, zögert wahrscheinlich nicht lange mit seinem „Ja“. Der Unterschied zwischen „Ich mag dein Armband“ und „Du siehst fabelhaft aus in diesem Minirock“ ist offensichtlich. Das „Du“ weckt die Aufmerksamkeit des Gegenübers, schmeichelt seiner Selbstliebe, drückt auf seinen „Eitelkeitsknopf“ und ist daher genauso unverzichtbar wie Salz und Pfeffer in einer würzigen Speise.

Wer schweigt am längsten?

Auch wenn es schwer fällt und ein wenig Nervenkraft braucht, auf lange Sicht lohnt es sich, nicht gleich hilfreich einzuspringen und jede Sprechlücke aufzufüllen. Schweigsame sind gewohnt, dass andere rettend eingreifen, aber so verfestigt sich ihr machtvolles Schweigemuster. Natürlich ist es mühsam, diese nonverbale Leere zu ertragen, zumal sie, egal wie lang sie ist, immer als endlos empfunden wird. Die einfachste Methode, eine schwangere Pause auszuhalten ist, die Sekunden zu zählen „einundzwanzig, zweiundzwanzig ... tausendeinhundert, tausendeinhundertelf". Oder in der Nähe eines Fensters: Wolken zählen. Erstens gibt einem diese Zähltechnik etwas zu tun, zweitens sieht man etwas intelligenter aus, als wenn man nur untätig und angespannt vor sich hin wartet. Diese Technik lässt sich auch fast unbemerkt während längerer Gesprächspausen durchführen und ist je nach Vorliebe unendlich variierbar (Tapetenmuster, Träumen, Luftschlösser bauen, Wortspielereien).

Allerdings sollte dieses Schweigen nicht zum Schweigewettbewerb ausarten, nach dem Motto „Wer hält es am längsten aus?" Wenn man diesen kämpferischen Machtimpuls in sich spürt, wird es Zeit für einen Szenenwechsel. Es gibt sinnvollere Möglichkeiten, als der bessere Schweiger zu sein. Zum Beispiel, indem man dem anderen die Möglichkeit gibt, sein Gesicht zu wahren und Gesprächsbrücken baut. „Kann es sein, dass es dir nicht gut geht?", „Magst du sagen, was es dir so schwer macht, zu reagieren?", „Hast du eine Idee, wie wir aus dieser Sackgasse kommen?"

Alles in Ordnung?

Bei Stachelschweinen, die ihr Bedürfnis nach Autonomie und Isolation demonstrieren, indem sie das Lächeln oder die Ansprache nicht erwidern, läuft man ins Leere. Statt sich zu ärgern, versuchen Sie einmal etwas anderes: Gehen Sie innerlich einen Schritt zur Seite und kommentieren Sie das, was gerade vor sich geht. Manchmal genügt ein fragender Blick oder eine einladende Geste, oder eben ein Satz: „Was bedeutet dein Schweigen?", „Ist es ein gutes, beredtes oder ein bedrücktes Schweigen?", „Gibt es einen Grund, weshalb du nicht antwortest?" „Wie soll ich dein Schweigen verstehen?", „Stimmt irgendetwas nicht?" Wenn der andere antwortet, es sei nichts, dann kann man immerhin sagen: „Dann bin ich beruhigt. Ich hatte schon befürchtet, etwas sei nicht in Ordnung." Dann geht man stillvergnügt zur Tagesordnung über und verhält sich so, als sei alles in Ordnung. Mitunter ist man überrascht, wie der andere plötzlich aus seinem Schneckenhaus hervorkommt, wenn er merkt, dass sein Schweigen keine Wirkung hat.

Geduld bringt Rosen

Grundsätzlich gilt, wenn man mit Menschen zu tun hat, die ihre Beziehung im Sinne maximaler Distanz regulieren: Geduld bringt Rosen. Die guten Sachen, die man hätte sagen müssen, fallen einem ohnehin erst hinterher ein. Vielleicht ist es schon ein Fortschritt, wenn man kleine Schlaglöcher in der Gesprächsstraße durch kluge Fragen überwinden kann und bei längeren oder notorischen Unterbrechungen immer wieder für einen Szenenwechsel sorgt. Wenn alle Gesprächseinladungen nichts fruchten, bleibt notfalls ein kurzes Verlassen des Raumes, um sich einen Beruhigungstee aufzusetzen. Wenn Sie nervengestärkt und frohen Mutes wieder zurückkommen, könnte das vielleicht sogar einen hartgesottenen Schweiger zum Staunen bringen.

Merken Sie sich ...

- Stellen Sie keine splitternackten Fragen oder Verhörfragen.
- Verwenden Sie offene Fragen.
- Benutzen Sie die Zauberformel „Du“.
- Unterdrücken Sie Ihren Impuls, rettend einzugreifen.
- Überbrücken Sie Schweigepausen mit Zähltechniken.
- Bauen Sie Gesprächsbrücken.
- Wenn Ihre Gesprächseinladungen nicht fruchten, probieren Sie einen Szenenwechsel.
- Üben Sie sich in Geduld.

5. Wie geht man mit diesen Supernetten um, die einfach zu gut sind, um wahr zu sein?

Hier ein Sätzchen, da eine Nettigkeit, dort ein Lächeln, insgesamt ein Sprechen mit assoziativen Sprüngen, anstrengungslos Themen anschneidend, von ihnen wegsteuernd oder vor ihnen weglaufend, wenn sie nicht behagen. So in etwa klingt die sprachliche Hausmusik der Netten. Wenn Sie diese Art von Gespräch im Ohr haben, dann denken Sie vielleicht an einen dieser netten Bekannten, die zuverlässig Langeweile produzieren, aber eigentlich nicht weiter problematisch sind. Aber wie verhält man sich, wenn man näher mit ihnen zu tun hat?

Allein spielen lassen?

Soll man sich da heraushalten und sie ihre Nettigkeitsspiele allein spielen lassen? Ohne Publikum machen diese Spiele nämlich nicht viel Spaß. Es muss ja nicht gleich Flucht oder Hausverbot sein. Wenn sie es zu arg treiben, bleibt immer noch ein freundliches Schweigen. Auch wenn diese Freundlichkeit etwas antrainiert Mona-Lisa-artiges hat, es wirkt in beide Richtungen. Schon nach dreißig Sekunden undurchdringlicher Freundlichkeit werden im Hirn Glückshormone freigesetzt. Man sieht die Dinge etwas entspannter und das steckt auch das Gegenüber an. Wenn das Plauderverhalten dem Zweck dient, die Situation zu kontrollieren, Bestätigung zu fordern, dann kann das Ausbleiben bestätigender Antworten zu einem Punkt führen, wo der andere aufgeben will und sich womöglich bewusst wird, was ihn wirklich beschäftigt. Erst einmal zu dem zu schweigen, was der andere einem da zumutet, ist nicht nur eine Form der menschlichen Selbstverteidigung. Es hat auch den Vorteil, dass man nicht in das klebrige Geplauder verwickelt wird. Der Kopf wird frei und man hat schon mal nichts Dummes gesagt, was einem später leid tun könnte. Wenn man sich rundweg weigert, vertuschende Politur aufzutragen, vergrößert sich die Unsicherheit bei diesen netten Zeitgenossen, aber es wächst die Chance eines sehr viel persönlicheren und transparenteren Umgangs miteinander.

Donald Ducks Credo

Nun gibt es Personen, die sich unbeirrbar in leerem Gesäusel ergehen und einen ganzen Abend mit oberflächlichen, glatten Bemerkungen füllen, die partout zu keinem Gespräch führen. Hier hilft das Credo von Donald Duck: „Nicht aufgeben – aufstehen“ und wenn es mit einer Prise schwarzer Galle sein muss. Immerhin sorgt diese pikante Prise für ein wenig Abwechslung oder Stimmungsschwankung im netten Einerlei. Wer mag schon ständig süße Kekse essen? Immer Sonne im Herzen kann nicht glücklich machen. Es könnte sich lohnen, für einen Wetterwechsel zu sorgen. Aber wie bei allem: Auf die Dosierung kommt es an. Ich erinnere mich lebhaft an eine Frauengruppe, wo eine dieser Frauen eine andere mit der Frage verblüffte: „Sag mal, hast du einen Sprachfehler?“ – „Nicht, dass ich wüsste.“ – „Nun, du kannst nicht ‚Nein‘ sagen.“ Solche „Wetterwechsel“ bergen Möglichkeiten der Besserung. Obwohl man schon Mut und Fingerspitzengefühl braucht, um die Schmerzgrenze nicht zu überschreiten.

Zum Beispiel, indem man sich nicht beeindrucken lässt von Entschuldigungen oder Ausreden, wie im folgenden Beispiel. Ein italienischer Koch erzählt seinem Therapeuten eine Liste von Ausreden, weshalb er nicht zum verabredeten Termin erscheinen konnte. „Migräne“, „die Mutter war schuld“, „Missverständnis“, woraufhin der Therapeut sagt: „Warum Sie mir den Grund Ihrer Abwesenheit nicht mitteilen, ist ganz einfach deswegen, weil Sie zu viele Ravioli kochen mussten.“ Der Koch etwas verwirrt: „Ich verstehe nicht, was Sie meinen.“ Der Therapeut fährt fort: „Ihre Ausreden sind zwar interessant, aber Ihre Ravioli sind wesentlich interessanter als dieser Schrott, mit dem

Sie mich gerade füttern." Man wird müde und gereizt, wenn man sich zu viele Ausreden anhören muss.

Nichts als die Wahrheit

Manchmal reicht es auch schon, einem Zeitgenossen, der an seine eigenen Ausreden glaubt, etwas selbstbewusster gegenüberzutreten. Man kann eine Kopfhaltung einnehmen, die Sicherheit und Beherrschung der Situation signalisiert (als würde der Kopf hinten an den Haaren nach oben gezogen) und extra den Bauch einziehen. Die Wirkung dieser körperlichen Hochstapelei geht weiter, als es Worte vermögen. Da im Körper alle Bewegungen vernetzt sind, kann die zunächst aufgesetzte Haltung einen Zustand herbeizaubern, der – fast – jener inneren Haltung von Souveränität entspricht und ihn so zumindest herbeilockt. So ist man nicht mehr so leicht unterzukriegen. Man muss zwar nicht so weit gehen, aber wenn die Ausreden zu faustdick kommen, kann man den anderen immer noch bitten, seine Ausreden nochmals zu wiederholen. Das wirkt immer. Allerdings braucht es ein wenig Geduld, da selbst erfundene Ausreden, an die nur derjenige selbst glaubt, schwer zu wiederholen sind. Sie oder er braucht nämlich ein gutes Gedächtnis. Es kann also sein, dass man verschiedene interessante Varianten kennen lernt. Gefragt, weshalb sie nicht zum verabredeten Wochenende kommen konnte, meinte eine Akademikerin in den Vierzigern: „Ich musste Vorhänge aufhängen."

„Ehrlich gesagt"

„Ehrlich gesagt" oder „mal ganz ehrlich" oder „Ich sage dir mal, wie es wirklich war", „wenn ich die Wahrheit sagen darf", „unter uns gesagt", „weißt du, wie ich meine?" – all diese bewusst ehrlichen Anstrengungen verdienen erhöhte Aufmerksamkeit. Die Wahrheit, und nichts als die Wahrheit, das ist zwar ein Polizistentraum, aber in diesem Kontext bedeutet er wohl eher, dass die Absicht besteht, dieses Mal nicht unehrlich zu sein. Zumindest heißt es, dass diese Absicht vorher nicht vorhanden war. Supernette, die psychologische Bücher gelesen haben, werden eine etwas kompliziertere Variante wählen. Sie haben es nicht so gemeint oder nicht so wahrgenommen, als sie sagten, was der andere gehört hat. Diese Sätze: „Ich habe das nicht so gemeint" oder „Ich habe das anders wahrgenommen" verwirren – zu Recht. Denn Verwirrung ist eine der Kunstgriffe, die diese Netten benutzen, um Situationen zu kontrollieren.

Man sollte sich allerdings nicht darauf versteifen, ob der andere sich widerspricht, oder dauernd überlegen, ob er nun die Wahrheit und nichts als die Wahrheit sagt. Wenn Sie Antworten oder Rechtfertigungen bekommen, dann nehmen Sie sie, so wie sie nun mal sind. Auch wenn Sie davon ausgehen, dass vieles gut verpackt oder gestylt ist, akzeptieren Sie es freundlich. Das Ungeschickteste, was man auf dem Weg der Annäherung nämlich tun kann, ist, die Ehrlichkeit des Gesagten zu bezweifeln. Geschieht das, dann bringt man sich um jeden Fortschritt, weil der andere resigniert: „Egal, was ich sage, man glaubt mir sowieso nicht!"

Nicht persönlich nehmen

Wer wie diese netten Zeitgenossen seine Antennen auf das Wohlergehen anderer richtet, stellt seine eigene Wahrheit hinten an. Immer sind ihre Absichten gut: „Ich hab's doch gut gemeint", „Ich habe es nicht gewusst", „Ich wollte doch nur ...". Ihre Geschichten kreisen darum, dass sie das Richtige gemacht haben, es zumindest gut gemeint haben, oder dass die anderen schuld sind.

Ob es nun Bequemlichkeit oder Vorsicht ist, oft ist es nicht einmal persönlich gemeint, wenn sie ihre freundlichen Versionen der Wirklichkeit einbringen oder Sätze, die man gesagt haben soll, bis zur Unkenntlichkeit umdeuten. Wenn man das weiß, dann sinkt schon mal die eigene Bereitschaft, sich zu ärgern. Allein schon deswegen, weil es nichts mit einem selbst zu tun hat. Egal ob man selbst oder ein anderer um sie herum wäre, sie würden genauso nett reden und vor guten Absichten strotzen. Man sollte es nicht persönlich nehmen.

Eine Portion guten Humors ist eine weit elegantere Methode, die Dinge mit anderen Augen zu sehen – und bestimmt nicht die schlechteste. Ich nenne das selektive Verdrängung. Das schont die Nerven und ist gesünder als der anstrengende Versuch rücksichtsloser Wahrheitsfindung. Abgeschaut habe ich diese Methode bei japanischen Führungskräften, die nicht nur überlegen sind, weil sie so unbeirrbar meditieren, sondern auch, weil sie die Regeln des mentalen Judos beherrschen. Wenn es sein muss, gehen Sie einen Schritt zur Seite und lächeln Sie innerlich. Was bei ihnen oft wie ein Aufgeben aussieht, ist in Wirklichkeit ein schützender Kunstgriff. Sie lächeln, weil es ungesund ist, sich am falschen Ort anzustrengen und mit dem Kopf durch die Wand gehen zu wollen.

Wenn Sie etwas unberechenbarer sein und Ihr Gegenüber ins Grübeln bringen wollen, zeigt ein Satz, der überhaupt nicht zum Gesagten passt, sofort die erstaunlichsten Wirkungen: „Was tut man nicht alles, wenn der Tag lang ist." Oder: „Da fällt mir ein, ich kenne einen, der hat schon als Kind unter der unerträglichen Weite seines Laufstalles gelitten." Oder: „Genau wie meine Oma sagte: „Mama's baby, papa's maybe!"

Einladung ins Offene

Im privaten Raum sollte die Maskerade aufhören, die draußen in der hart gesottenen Welt eine gewisse Berechtigung hat. Zu Hause dürfen Angst, Schwäche, Scheitern und Hilflosigkeit offen zur Sprache gebracht werden. Und doch fällt es supernetten Menschen oft leichter, Wildfremden ihr Herz zu öffnen als gerade den Allernächsten. Diese fühlen sich umso spürbarer genervt, je mehr sie sich nach einem wirklichen Kontakt mit einem vollwertigen Gegenüber sehnen, und entsprechend wird sich ihre Behandlung mit abweisender Distanz verbinden. Damit ist der Gefallsüchtige an seinem wunden Punkt getroffen: Die Angst vor Ablehnung treibt ihn nun noch mehr, sich anzupassen, es dem anderen recht zu machen. Wie entkommt man diesem Teufelskreis? Wie kann man mehr Offenheit und Ehrlichkeit einladen, wenn der andere sich entzieht und der Mut zu einem inspirierenden Austausch auf der Strecke bleibt? Wenn man sich mehr als Nettigkeit in Beziehungen wünscht, dann liegt viel an einem selbst, sie auch möglich und lohnenswert zu machen. Dazu braucht es Ermutigung, sich auszudrücken und auszusagen, z. B. „Was denkst du darüber?", „Wie empfindest du das?" Es braucht Unterstützung bei dem, was der andere sagen will und was ihn bewegt. Und Bestätigung, dass er so denken und fühlen darf, wie er denkt und fühlt, auch bei kritischen oder konträren Einstellungen. Diese Haltung gibt dem anderen Raum, sich zu zeigen: „Du darfst sein", „Du musst dich nicht verbiegen." Manchmal sind kleine Korrekturen notwendig, die vermitteln: „Du musst nicht mehr versprechen, als du einlösen willst." Bei allzu gefälligen Angeboten, Komplimenten oder Entgegenkommen freuen Sie sich, aber verkneifen Sie sich ironische Bemerkungen. Sie wissen, wenn jemand theoretisch allzu hilfsbereit zur Verfügung steht, hapert es meist an der Praxis. Wenn Sie also hören „Ich erledige das für dich", „Geld spielt für mich keine Rolle", „Ich bin für dich da", „Ich melde mich wieder", genügt es, wenn man ein wenig korrigierend eingreift und ein paar Abstriche macht. „Hast du dir überlegt, dass du selbst im Moment sehr gefordert bist?" oder zu verstehen gibt „Nimm dir Zeit", „Übernimm dich nicht", oder einfach höflich sagt: „Danke für dein freundliches Angebot. Ich werde darüber nachdenken." Zu dieser Haltung braucht es ein mutiges Herz, das nicht so leicht erschrickt, wenn es enttäuscht wird. Es braucht den Wunsch nach Frische in der Beziehung und eine freche Gelassenheit.

Die beste und überzeugendste Starthilfe auf dem Weg dahin ist die Haltung, die man selbst vorlebt. Man macht sich greifbar, spricht von sich, für sich, öffnet sein Herz, zeigt sich und ermutigt dadurch den anderen, sich ebenfalls zu zeigen. Nicht zu vergessen, das herzhafte Lachen, die herzhafte Mahlzeit als Brücken zur Lebendigkeit, wo der andere erlebt: Ich darf sein, ich treffe hier jemanden, der nicht gleich enttäuscht ist, wenn ich kritisch oder ärgerlich bin. Hier darf ich „ich" und „du" sagen und kann für meine Anliegen eintreten, ohne dass ich mit Ablehnung bestraft werde. Es muss ja nicht gleich zur Pferdekur ausarten, wie das in manchen Selbstbehauptungstrainings üblich ist. Aber eine Atmosphäre, die den Geist vermittelt „Deine Meinung zählt" oder „Du bist gemeint" ist sicher die beste Voraussetzung dafür, dass an der Seite der Nettigkeit auch die Pfiffigkeit, die Frechheit und andere pikante Fähigkeiten erwachen, die für etwas mehr Würze im netten Einerlei sorgen. Dann kommt das Lachen von innen heraus, Gedanken können sich entwickeln und der Austausch ist nicht Zeitverschwendung.

Merken Sie sich ...

- Schweigen Sie bei Zumutungen freundlich.
- Nehmen Sie eine selbstbewusste Körperhaltung ein und lassen Sie nötigenfalls Ausreden wiederholen.
- Nehmen Sie Aussagen, wie sie sind, statt ihre Wahrhaftigkeit zu hinterfragen.
- Nehmen Sie „Süßholz" nicht persönlich.
- Gehen Sie einen Schritt zur Seite und lächeln Sie innerlich.
- Üben Sie sich im selektiven Verdrängen.
- Geben Sie Unterstützung durch persönliche Fragen.
- Zeigen Sie sich selbst.

6. Wie kann man sich selbst retten, wenn man mit Opferlämmern zu tun hat?

Opferlämmer haben gelernt, dass es immer wieder Menschen gibt, die es lieben, andere zu retten. Dieses Wissen bringt Vorteile für beide. Wer gerettet wird, erhält die Bestätigung, dass er besser sei als der Täter. Wer rettet, ist ebenfalls herausgehoben, er gehört zur speziellen Liga der Bewunderten. Beide rücken so in die Nähe von Helden, und beide werden reichlich dafür belohnt. Das bringt zugegebenermaßen erst einmal viel Befriedigung. Am Anfang dieser Opfer-Retter-Geschichten steht das beidseitige Errettungsvergnügen, das aber nach der anfänglichen Euphorie häufig zur Strapaze ausartet.

Märtyrer brauchen Gesellschaft

Was kann man mit Opfern machen, die einem auf den Leib rücken? Im Gegensatz zu wirklichen Opfern, bei denen sich das Helfen segensreich auswirkt, brauchen sie jemanden, weil sie auf ihrem Leidensweg gern Gesellschaft haben. Meistens ist es nicht einmal so entscheidend, wer das gerade ist. Wichtig ist: Jemand ist greifbar. Leicht gesagt: Man müsste lernen, Nein zu sagen, sich abzugrenzen oder sich zu verweigern. Wenn aber der andere sein ganzes Elend vor einem ausbreitet, dann kommt man sich leicht herzlos oder unsozial vor, wenn man kein Mitleid zeigt und seine Ohren herunterklappt. Soll man also doch lieber gelassen wie eine Klagemauer oder ein Callcenter sein? Menschen, die unter dem Opfersyndrom leiden, suchen Mitleid, denn dieses Gefühl empfinden sie als Beweis, dass sich jemand um sie sorgt. Aber Mitleid muss nicht Fürsorge sein, oft ist es nur eine Spielart der Verstrickung oder der Verachtung.

Keine Rosskur

Nichts gegen Mitgefühl, wenn aber das Elend des anderen einem unter die Kleider kriecht, und man sich wieder mal nach stundenlanger Telefonseelsorge völlig ausgelaugt fühlt, dann ist die Grenze zwischen Ich und Du aus der Balance geraten. Man sitzt in einem emotionalen Sumpf, und es kann passieren, dass nun das Opfer den Helfer wieder aufrichten muss. Wie kommt man aus diesem Dilemma heraus? Sicher nicht durch Ablehnung oder Kritik. Opferlämmer vertragen nämlich keine Rosskuren. Sie haben schon genug geopfert, so dass sie beileibe keine weitere Bestätigung ihrer Opferrolle brauchen. Auch wenn sie wie Märtyrer ziemlich viel einstecken können, fühlt man sich selbst, wenn man auf ihnen herumhackt, ziemlich fies. Diese Trumpfkarte spielt das Opfer aus, sein Selbstmitleid und seine moralische Überlegenheit machen dem anderen Schuldgefühle. Man fragt sich: „Warum bin ich bloß so eklig zu diesem armen Opfer?“

Mit den Ohren überzeugen

Es braucht einiges an gesundem Menschenverstand und den entschiedenen Wunsch, diese ungesunden Märtyrerspielregeln zu durchkreuzen. Ein erster Schritt, um aus diesem Errettungsszenario auszusteigen, ist die Unterbrechung des Kreislaufes von Passivität, Hilflosigkeit und Schuldzuweisungen. Wer dieses Muster durchschaut, wird zusehen, dass er niemals mehr redet als zuhört. Daraus lässt sich eine beherzigenswerte Faustregel ableiten, die einfach klingt, aber nicht leicht einzuhalten ist: Aufmerksam zuhören. Denn am besten überzeugt man sie mit den Ohren. Opfer wollen ihre Probleme als einzigartig respektiert sehen, deshalb hilft es nicht, wenn man ihnen versichert: „Ja, genau das habe ich auch schon mal durchgemacht.“ Auch wenn es paradox tönen mag: die Offenbarung eigener Leidensgeschichten ist kontraproduktiv. Um aufmerksam zuzuhören, sieht man besser von sich ab, auch wenn einem vieles bekannt vorkommt.

Zu wissen, wo das „Ich“ aufhört und das „Du“ beginnt, dazu muss man nicht Teil der Geschichte sein. Statt Sprechstunde gibt man ihnen besser eine Zuhörstunde.

Opfer brauchen zu Beginn keine rationale Auseinandersetzung, auch keine schlaue Hilfestellung: „Nun nimm's doch nicht so tragisch, wird schon wieder.“ Oder „Willst du mein Auto, um wieder mal 'ne Runde schnell zu fahren?“

Wichtig ist, dass ihnen jemand ernsthaft zuhört, so dass sie ihren Gefühlsstau loswerden. Opfer haben in der Regel schon vorher lange Selbstgespräche geführt und stecken meist voller passiver Aggression. Ihr erstes Anliegen ist immer: Dampf ablassen. Wichtig ist, dass man signalisiert, was man gehört oder/und verstanden hat. Es geht also nicht um Zustimmung. Daher ist die Formulierung „Ich verstehe, dass du …“ meist ungünstig, weil sie beim anderen das Gefühl von Zustimmung auslöst. Besser ist: „Offenbar hat der Mist, den dein Freund gebaut hat, dich so gekränkt (enttäuscht, verbittert), dass du nur noch durchhängst.“ Versucht man, den Blick auf die positive Seite des Lebens zu lenken, erntet man im besten Fall „Bei mir ist alles ganz anders. Ich habe es viel schwerer …“ Ihr Gegenüber wird sich weniger abwehrend verhalten, wenn es Empathie spürt: „Du hast das Gefühl, dass …“, oder „Du wünscht dir, dass …“, oder „Du hast das Gefühl, dass keiner für dich da ist …“ oder „Es scheint dir, dass du von Gott und der Welt verlassen bist“, statt mit den Worten „Ich“, „Wir“ oder „Man“. Mit diesem Spiegeln gibt man seinen eigenen Standpunkt nicht auf, sondern versetzt sich in die Lage des anderen und hilft ihm, seine „Innenschau“ zu erweitern und eigene Ressourcen aufzufinden.

„Geht's dir mies?“

Opferlämmer fühlen sich hilflos und im Stich gelassen. Das merkt man auch an ihrer Sprache, die auffallend passiv klingt. „Ich fühle mich überfordert (übergangen, erdrückt, hängen gelassen)." Hier werden nicht Gefühle artikuliert, sondern globale Vorwürfe, die eigentlich heißen: „Du überforderst mich", „Du lässt mich hängen". Ihre Sprache klingt nicht nur passiv, sie ist auch negativ. Ein paar Beispiele: auf die Frage „Wie geht's?" folgt die Antwort: „Nicht schlecht", „War schon schlimmer", „Nicht übel", oder statt zu sagen „Ich mag dich", sagen sie: „Ich habe nichts gegen dich." Sie bleiben eine Antwort schuldig, lassen alles offen und überlassen die Deutung dem anderen. Der soll sich einen Reim darauf machen. Hier kann man ruhig nachhaken: „Wenn ich dich recht verstanden habe, meinst du ..." Oder: „Habe ich richtig verstanden, dass du traurig bist." Ziel ist, den anderen dabei unterstützen, dass er ohne Vorwürfe oder vernichtende Sprache über sich selbst spricht: „Ich fühle mich schwach, leer, traurig ...", um so einen Schritt in Richtung Eigenverantwortung zu gehen.

Jammern aufgeben!

Hört man klagenden Opfern zu, ertappt man sich mitunter bei dem unfreundlichen Gedanken: „Hör endlich auf zu jammern!" Diese innere Resonanz gilt es ernst zu nehmen. Deshalb beginnt hier der härteste Teil der Kur: Unterbrechen Sie den Strom des Jammerns! Tun Sie sich und dem anderen den Gefallen: Klinken Sie sich elegant ein und setzen Sie dem Klagemonolog ein Ende. Als Beispiel: „Ich habe dir jetzt eine Viertelstunde zugehört und kann gut verstehen, dass du dich ausgenützt fühlst, aber ich würde noch gern einen anderen Aspekt anschneiden ..." Oder Sie gehen gar nicht auf das Gejammer ein und reden über das, was Ihnen gerade in den Sinn kommt: „Übrigens, da fällt mir gerade ein ... das muss ich dir unbedingt erzählen." Im fortgeschrittenen Stadium empfehle ich ein eintägiges „Jammerfasten". Am einfachsten geht das, wenn man seinem Gegenüber ganz konkret sagt: „Ich möchte heute nicht mit dir über deine Krankheiten (die schlimmen Arbeitskollegen, deine vertrackte

Beziehung …) reden, sondern über andere Dinge.“ Wenn ein ganzer Tag zu viel ist, dann geht das auch mit einem abendlichen Jammerfasten. „Wenn wir gerade so nett beieinander sind, wie wäre es, wenn wir über … reden?“ Oder: „Ich würde gern über … reden.“ Und dann schauen, was geschieht. Die Ergebnisse sind meistens erstaunlich. Die Energien, mit denen der elende Zustand aufrecht erhalten wird, sind nicht mehr gebunden, sie können sich auf etwas Positiveres richten. Nicht nur die Stimme wird frei, auch der Tatendrang kann sich wieder melden.

„Mach' du das, du kannst das so viel besser“, sagte eine Kollegin zu ihrer Freundin. Es war ihr förmlich anzusehen, wie sie ihr Opferdasein und die Rache des Untalents genoss. Sie brauchte sich nicht einmal anzustrengen. Und sie war ziemlich erstaunt, als dieser Köder nicht die erwartete Wirkung zeigte. Die Freundin meinte: „Ich kenne eine, die das noch viel besser kann.“ Plötzlich besann sie sich auf ihre eigene Kraft.

Warum nicht heute?

Opferlämmer haben die Neigung, sich mit Dingen zu beschäftigen, die außerhalb ihrer Kontrolle liegen. Sie lieben Worte wie „immer“, „niemals“, „damals“, und vor allem beschäftigen sie sich ausgiebig mit dem Schlamassel von anderen. Was sie praktizieren, ist vergleichbar mit jemandem, der versucht, das Wetter zu kontrollieren. Gesunder Menschenverstand würde raten: „Wenn dir der Regen nicht passt, dann hör auf zu klagen und zieh nach Italien.“ Das Verhalten von anderen ist genauso wenig kontrollierbar wie das Wetter. Man kann sie bitten, aber man kann sie nicht zwingen. Was man beeinflussen kann, ist die eigene Antwort oder Reaktion. Deswegen heißt die Devise: Lösungen finden! Versuchen Sie nicht, ein Problem auszudiskutieren. Vor allem dann nicht, wenn Sie es mit einem Opfer zu tun haben. Probleme müssen gelöst und nicht ewig beredet werden. Das Handeln geht oft viel leichter als das endlose Grübeln vor der Tat.

Opfer beschäftigen sich gerne mit alten Geschichten. Sie können nachtragend sein. Leider ist es ihnen oft nicht gegönnt, die bewährte Hausregel einzuhalten: „Nie länger als unbedingt nötig jemandem etwas nachtragen". In der Regel reicht ein Tag. Ein Weg aus diesem Dilemma ist die Konzentration auf die Gegenwart. Wenn also das übliche Schuldverteilen beginnt für Dinge, die nun mal passiert sind, bedeutet das: Stopp! Hinein in die Gegenwart! Was ist jetzt? Opfer haben die Neigung, ernsthafte Lösungen zu vermeiden, indem sie zwischen Vergangenheit und Zukunft hin und her pendeln. Große Einsichten gewinnt man dabei nicht, höchstens Müdigkeit: „O Herr, lass Schluss werden, sie/er ist nicht mehr zu bremsen." Die Frage, die sich stellt: „Willst du wirklich etwas an deiner Misere ändern? Oder brauchst du Mitleid?"

Nur tote Märtyrer werden verehrt

Ein amerikanischer Therapeut erinnerte in solchen Situationen gern daran, dass die Welt tote Märtyrer verehrt und die lebendigen verfolgt. Wenn man also mit einem Opfer zu tun hat, geht es um die Planung und Umsetzung konkreter Schritte. Opfer können sehr anstrengend sein. Das Ausmaß ihres Opferseins, so scheint es, bemisst sich geradezu nach dem Grad der Anstrengung, die sie einfordern. So widerfuhr es einer betroffene Frau, dass ihre Freundin kurz vor dem vereinbarten Treffen mit der Begründung absagte, sie könne sich einfach nicht aufraffen, in die Kleider zu steigen. So etwas hält wahrscheinlich nur eine beste Freundin aus. Jedenfalls zeigte sie es „der blöden Zicke" am anderen Ende der Leitung einmal richtig. Sie legte einfach auf. Wenn es ans Umsetzen geht, ist das Leben oft Klassen leichter.

Ich erinnere mich an eine Frau, die ziemlich verblüfft war, als ich ihr vorschlug, mit diesen diversen Internetbekanntschaften eine Weile zu pausieren. Nachdem sie sich ausgiebig darüber beklagt hatte, wie niederträchtig diese „tollen Typen" mit ihr umgingen, die ihr immer wieder so unappetitliche Emails schickten, schlug ich vor: „Du hast nicht in der Hand, was diese tollen Hechte schreiben, aber du kannst deinen PC herunterfahren." Daran hatte sie bisher noch nicht gedacht.

Präsent sein

Manchmal hilft es, wenn man ein bisschen wie eine Krankenschwester redet, dann ist man schon einmal aus dem Gröbsten raus. Wenn jemand beispielsweise Opfer einer Beziehung ist, in der mehr geschlagen als geküsst wird, wie diese Frau, die nicht einmal mehr klagte: „Am Anfang habe ich aufgemuckst, dann habe ich mich daran gewöhnt und ihn zu lieben begonnen", dann würde es einen Quantensprung bedeuten, wenn sie jemanden fände, mit dem zusammen sie ihre Verleugnung „es ist alles o.k." hinterfragt und hinzuschauen beginnt. Man muss nicht Therapeut sein, um einen Raum anzubieten, wo jemand zugeben kann, „bei uns stinkt es". Man muss nur präsent sein und ein wenig gut zureden, wenn der andere einen Schritt in Richtung Ehrlichkeit geht. Übrigens kann ein Partner dem Opfer helfen, indem er spezifisch fragt: „Was erwartest du von mir?" oder „Hast du dir überlegt, wie du aktiv werden könntest?" oder „Was kommt dir als nächster Schritt in den Sinn?" oder „Was möchtest du tun?" „Du hast sicher eine Ahnung von einer Bewegung, die jetzt stattfinden müsste." Damit gerät er nicht in die Falle des schnellen Helfens, bleibt aber doch zugewandt in einer Art und Weise, die die Selbsthilfekräfte des anderen aktiviert.

Kurze spezifische Fragen wirken immer, weil sie den anderen aktivieren und ihn in eine aktive Rolle zurückverweisen. „Wie stellst du dir eine Lösung vor?", „Wie schützt du dich?", „Wie sorgst du für dich?" Gerade bei chronischen Märtyrern, die an einem Nachholbedarf an Beachtung leiden, ändert sich der Stil am ehesten, wenn sie lernen, offen und deutlich ihren Beachtungshunger zu stillen. „Brauchst du Hilfe beim Umzug?", „Hilft es dir, wenn ich dir zuhöre?" Vielleicht lernen sie dabei, nicht nur sich selbst, sondern auch anderen Aufmerksamkeit zu schenken. „Wir haben jetzt seit Tagen über deinen Bruder gesprochen. Ich möchte dir nun auch etwas erzählen, was mich sehr beschäftigt." Heilige Opfer vergessen in ihrer Überlegenheit nämlich oft, dass andere auch gute Eigenschaften und eigene Geschichten haben.

Merken Sie sich …

- Hören Sie ernsthaft zu (ohne eigene Offenbarungen), damit der andere seinen Gefühlsstau loswird.
- Spiegeln Sie Ihr Gegenüber und unterstützen Sie ihn, so dass er von sich selbst spricht.
- Hinterfragen Sie die Negativ-Sprache.
- Unterbrechen Sie das Gejammer.
- Führen Sie ein Jammerfasten ein.
- Konzentrieren Sie sich auf die Gegenwart.
- Probleme gehören gelöst und nicht ausdiskutiert.
- Fragen Sie konkret und spezifisch – verzichten Sie auf Warum-Fragen.

7. Wie überlebt man, wenn man es mit den Allergrößten zu tun hat?

An der Autobahn steht ein Tramper mit einem Schild: „Ich find's unheimlich wichtig, dass du mich mitnimmst." Würden Sie sofort anhalten und einladen: „Bitte einsteigen!"? Wahrscheinlich nicht, denn vor Aufforderungen, die die Botschaft enthalten: „Gib zu, dass ich etwas Besonderes bin", „dass ich besondere Behandlung verdiene", schrecken die meisten Menschen instinktiv zurück. Einem Tramper kann man entkommen, aber wie bewahrt man Gelassenheit, wenn man mit jemandem zu tun hat, der ständig beweisen muss, dass er die wichtigste Person im Leben ist? Am einfachsten wäre, man würde ihn einfach bewundern. Da wird derjenige gleich ein paar Zentimeter größer, denn Narzissten bekommen für ihre Verhältnisse immer zu wenig Bewunderung. Man könnte ein paar Standardsätze auswendig lernen: „Wie interessant Sie erzählen!" „Sie waren mir eine große Bereicherung!" „Sie sind ein bemerkenswerter Gesprächspartner!" oder „You made my day!" für die Englischkundigen. Nicht nur bei älteren Herrschaften kommt auch Folgendes besonders gut an: „Jung (erholt, frisch, prächtig) sehen Sie aus!" Diese Komplimente kann man vor allem bei einsamen Selbstverliebten nicht hoch genug dosieren.

Lieber flüchten oder standhalten?

Aber wer möchte schon ständig applaudierendes Publikum für die Selbstdarstellung eines anderen abgeben? Entsprechend wird die Bewunderung mit der Zeit mühsam, und man ertappt sich bei unfreundlichen Gedanken: „Die/der schon wieder!", „Ist ja gut, wir wissen es ja nun!", „Nun mal sachte", „Es reicht jetzt – ich weiß ja, dass du ein toller Kerl bist!" „Warum sind immer die Falschen mit Minderwertigkeitskomplexen geplagt?" Genau davor hat der Selbstverliebte nämlich die meiste Angst: belächelt, abgewimmelt oder nicht für voll genommen zu werden. Er wird seine Anstrengung erhöhen, bis man sich schließlich überlegt, ob man ihm lieber zwei Stühle anbietet, oder sich lieber ins Schwimmbad oder auf die Toilette verziehen soll.

Von Luis, dem Hoteldirektor, habe ich gelernt, man solle Gästen, die das Wort Stress, Termine, Leistung mehr als zwei Mal pro Gespräch verwenden, am besten erst einmal aus dem Weg gehen. Und wenn man nicht fliehen kann? Wie kann man seine geistige Gesundheit bewahren? Das ist nicht ganz einfach, da selbst so etwas harmloses wie sich vorstellen, einen Raum betreten, oder ein Pausengespräch zu Auftritten der Selbstinszenierung ausarten. Meine Empfehlung: Erst einmal nicht widersprechen – jedenfalls nicht direkt! Das schätzen die Geschwister von Narzissus nämlich überhaupt nicht. So wie es einmal Arnold Schönberg vorführte, der mit einem jungen Musiker über Kunst sprach: Der junge Mann wollte etwas beweisen, woraufhin Schönberg entgegnete: „In der Kunst kann man gar nichts beweisen." Und nach einer Pause: „Und wenn – dann nicht Sie!" Und nach einer neuerlichen Pause: „Und wenn Sie – dann nicht mir."

Zarte Egos

Man spart sich eine Menge vergebliche Liebesmüh und Stress, wenn man erst einmal in sicherer Entfernung wartet. Narzissten haben nämlich zarte und zerbrechliche Egos, deswegen sollte man Konfrontationen lieber privat unter vier Augen und in aller Ruhe ohne Adrenalinschübe austragen: „Ich schätze sehr, wie du dich bemühst, aber es wäre viel angenehmer neben dir, wenn du deine Stimme ein wenig senken könntest." Also keine globalen Vorwürfe machen, sondern spezifische Verhaltensweisen beschreiben. Am besten kommt man mit ein wenig Humor davon: „Du redest jetzt schon länger als es Luther erlaubte. Er empfahl nämlich, dass wir über alles predigen dürfen, nur nicht über eine Viertelstunde." Oder „Ich finde es ja interessant, was du alles machst, aber wie geht es dir eigentlich?" Oder: „Hast du bedacht, dass die anderen auch mitgeholfen haben bei deinem Projekt? Sie würden sich sicher über eine kleine Anerkennung freuen."

Eltern kennen sich mit Prinzen aus

Die besten Ideen holt man sich bei Eltern, die wissen wie man „Prinzenkinder" geschickt entthront, so dass sie lernen, von ihrem Spielzeug etwas abzugeben und mit anderen zu teilen. Später sind es nicht mehr Spielsachen, sondern Ideen, Projekte, Verantwortlichkeiten und kooperatives Miteinander. Wenn Prinzenkinder zu verstehen beginnen, dass sie, wenn sie ihre Gaben mit anderen teilen, auch „genährt“ werden, dann können sie es sich leisten – wie ein guter Chef –, sich selbst auch einmal nachdenklich und zweifelnd zu zeigen, und sogar Fehler oder eigene Schwächen einzugestehen. In meiner Praxis gebe ich ihnen manchmal die Hausaufgabe: Versuche einmal vierundzwanzig Stunden lang einfach zu sein – statt eine gute Figur abzugeben, zu produzieren oder zu beweisen. Diese Übung kann ein seelisches Lifting verursachen.

Im Alltag ließe sich diese Anregung umsetzen als: einfach miteinander dasitzen, zur Ruhe kommen, nichts Gescheites sagen. Oder dem anderen Gelegenheit und Ermutigung zu Eingeständnissen geben: „Das weiß ich nicht“, „Keine Ahnung“, „Es fällt mir nichts dazu ein.“ Ein höchst erfolgreicher Jurist, dessen geistige Interessen nicht weit über Skat hinausreichten, meinte nach solch einer Besinnung: „Ich fange an, mich an die Realität zu gewöhnen.“ Bisher fand er, dass es nur einen geben könnte, der der Größte ist. Nun entdeckte er, dass er seine Überlegenheit nicht ständig unter Beweis stellen musste, und dass man andere wie seinesgleichen behandeln kann. Zumal sie es ohnehin sind. So gewöhnte er sich allmählich an die Realität. Manchmal braucht es einen direkten Ton. Solange dies respektvoll geschieht, ist nichts dagegen einzuwenden. Ein Professor pflegte einmal zu einem etwas eitlen Studenten zu sagen: „Starb Einstein, um dich als Nachfolger einzusetzen?“ Man könnte diesen Satz auswendig lernen und je nach Bedarf mit verschiedenen Hoheiten besetzen. Am besten wirkt „Starb Sokrates ...?“ oder „Starb Mutter Teresa ...?“

Geschichten erzählen

Geschichten befriedigen das Bedürfnis nach einem Leben, das anders ist, als das, was diese Hektiker leben. Wer unter ständiger Anspannung, Leistungsdruck und Effizienz lebt, muss lernen, von sich selbst auch Seiten zu zeigen, die nicht dem Ideal der Vorzeigbarkeit entsprechen. Da die meisten ihrer Aktionen um Selbstvergrößerung und nicht um Selbstwert kreisen, erinnern Sie Ihre Prinzenfreunde hin und wieder daran, dass es so etwas gibt wie besinnliche Muße, faul dasitzen, Musik hören, mal wieder eine Geschichte oder ein Märchen lesen. Verführen Sie sie mit einer bekannten Gute-Nacht-Geschichte oder einer selbst erfundenen Geschichte. Bedenken Sie, dass Scheherazade sogar ihr Leben durch das Erzählen bewahrte. Das mag altmodisch oder naiv klingen, aber Ruhe und Muße zu haben ist der reine Luxus. Ein neues Zeitgefühl, auch wenn es bei Stressgeplagten am Anfang zu Entzugserscheinungen führt, ist die Belohnung. In den Märchen können geschäftige Menschen etwas finden, das nicht nur Kinder beruhigt. Da werden diejenigen belohnt, die ihr Brot teilen, die Tiere füttern und den Alten zuhören. Da geht es um eindeutige Lebensstile, die das vermitteln, was diesen Selbstdarstellern so abgeht: Bescheidenheit, Maß und Mitgefühl. Lassen Sie diese Geschichten einfach wirken. Sie sprechen für sich selbst.

Auf andere Fährten locken

Die Option „Teamspieler" zu sein, ist, wenn auch versteckt, auch in Selbstdarstellern als Möglichkeit vorhanden. Lebt man es selbst vor, ein guter „Teamspieler" zu sein, so ist die beste Voraussetzung geschaffen, dass auch Stars bessere Teamspieler werden. „Wie wäre es, wenn du bei der nächsten Runde mal für uns kochst (oder ... für den Nachtisch sorgst, den Käse mitbringst)?" Hier geht es um das, was ihnen so abgeht: das Geben und das Vergnügen, mit anderen zu teilen. Werden Sie ruhig konkret, denn von selbst kommen Selbstverliebte kaum auf solche Ideen. Verständlicherweise ist das Teilen für Publikumsverwöhnte anfänglich auch nicht einfach, aber mit der Zeit entdecken auch sie, dass man selbst glücklich wird, wenn man mit anderen is(s)t und andere glücklich macht – und sei es den Postboten, der mal wieder verschwitzt und druckgeplagt an der Haustüre klingelt. Es sind alltägliche kleine „gute Taten", über die man in der Regel auch nicht redet. Für Menschen, die immer im Licht stehen, hat diese Art von Demonstrationsverzicht durchaus heilsame Wirkungen: Statt Ich-Pflege Nächstenliebe in Aktion. Jeden Tag ein Akt der Nächstenliebe als Hausaufgabe, das klingt vielleicht ein wenig nach Pfadfindertum, mit dem einige vielleicht Klampfe und Lagerfeuer verbinden. Doch es ist eine Möglichkeit, diese in eigener Sache tätigen Menschen auf andere Pfade zu locken. Am meisten gefällt mir die Idee, sie einzuspannen, um Kindern beizubringen, wie man teilt. Eltern wissen, wie ermüdend das sein kann, zumal die meisten Kinder eher gierig (mit kurzen Intervallen von Großzügigkeit) sind. Es gibt kein besseres Training und keinen besseren Spiegel, um endlich zu begreifen, wie kindisch und belustigend Menschen sein können, die auf dieser Stufe stehen geblieben sind.

Merken Sie sich ...

- Geben Sie Bestätigung.
- Tragen Sie Konfrontationen lieber unter vier Augen aus.
- Beschreiben Sie spezifische korrekturbedürftige Verhaltensweisen.
- Verführen Sie mit Geschichten.
- Verlocken Sie zum Teilen und Geben.
- Delegieren Sie Aufgaben und Beiträge.
- Inspirieren Sie zu Akten der Nächstenliebe hinter den Kulissen.
- Spannen Sie denjenigen ein, um Kindern beizubringen, wie man teilt.

8. Wie hält man es mit Neinsagern und Negativisten aus, ohne depressiv zu werden?

Wenn ich an Sorgenfanatiker denke, kommt mir immer wieder der Gründer der Automobilfirma Walter Chrysler in den Sinn. Auf seinem Schreibtisch stand eine Schachtel, in der er all das hineintat, was ihm Sorgen bereitete. Nach einer Woche prüfte er, was von seinen Sorgen noch übrig war. Die meisten Dinge hatten sich von selbst gelöst und andere hatte er einfach vergessen. Er begriff, dass die meisten Sorgen etwas von einem Schnupfen haben: Ob man sich Sorgen macht oder nicht, bleibt sich gleich. Das mag nach faulem Zauber klingen, aber ich kann es nur weiterempfehlen. Lassen Sie Ihren sorgengeplagten Freund eine Liste anfertigen mit all dem, worüber er sich meint, sorgen zu müssen. Meist sorgen diese Listen für große Lacherfolge. Erstens, weil man feststellt, dass dieses Muss reinster Luxus und höchste emotionale Energieverschwendung ist. Zweitens, weil die meisten Punkte entweder unkontrollierbar sind, sich selbst schon längst erledigt haben oder bei näherem Hinsehen unsinnig und nutzlos scheinen.

Es ist interessant, die Phantasien dieser zwei N-Typen zu verfolgen. Meist denken sie über Dinge nach, die nicht kontrollierbar sind. Aber das hilft ihnen, sich noch mehr Sorgen zu machen. Hinzu kommt unser aller natürliche Anlage, die es leichter macht, sich zu ängstigen als zu entspannen. Es bleibt die Frage, wie schafft man es, wenn man etwas optimistischer veranlagt ist, sich neben ihnen die Stimmung nicht vermiesen zu lassen?

Stellen Sie die Standardfrage

Es gibt eine Standardfrage, die man sich ins Notizbuch schreiben könnte. Natürlich muss man sie auch geschickt einzusetzen wissen: Glaubst du an Gott (Buddha, …)? Wenn ja: Wie groß ist dein Gott? Und dann lässt man sein Gegenüber die Größe seines Problems mit der Größe Gottes vergleichen. Ist sein Gott winzig und das Problem riesig, dann kann man sichergehen, hier ist einer mit der Negativlupe am Werk. Dann sollten die Alarmglocken läuten, denn die Gefahr ist groß, dass man sich ansteckt und selbst gelähmt oder depressiv wird. Ganze Gruppen können ihren Enthusiasmus verlieren, wenn einer dabei ist, der schwarze Galle versprüht und sich Bestätigung durch Pessimismus und Katastrophenmalerei holt. In einer solchen Gruppe befragte ich einen Pessimisten. Er meinte, dass er überzeugt sei, dass Gott größer sei als seine Probleme und dass Gott ihn liebe, auch wenn Gott nicht gerade viel Freude an ihm habe. Immerhin konnten die anderen wieder aufatmen.

Ohren auf Durchzug

Auch wenn der Negativdenker sich als Freund oder Ratgeber tarnt, der nur das Schlimmste verhindern will, so sollte man seine Ohren lieber auf Durchzug stellen und sich nicht infizieren lassen. Dieser Negativitätsbazillus ist nämlich ein Kreativitätsräuber. In der Regel lassen sich solche Verhinderungskünstler kaum umerziehen, aber man kann sich vor ihnen schützen. Also nicht ärgern oder aufregen, sondern tief durchatmen und die eigene Sache mutig und trotzig angehen. Überhaupt ist die Haltung pfiffiger Gelassenheit bei diesen Spielverderbern die einzige Rettung, um nicht in den Alkohol oder in schlimmere Formen der Verzweiflung zu verfallen.

Bei besonders harten Brocken, die einem wegen kleinen Missgeschicken Vorhaltungen machen, weil man mal wieder nicht auf sie gehört hat, kann man ruhig zurückfragen: „So etwas liegt dir fern, oder?" Oder: „So etwas Schlimmes würde dir sicher nie passieren, oder?" Am besten aber, man gibt ihnen kleine überschaubare Aufgaben, um ihre Gaben sinnvoll einzusetzen. Man kann sich in gewisser Weise mit ihnen verbünden. Mit der Zeit spricht sich ohnehin herum, dass man sie anrufen kann, wenn man wissen will, was schief gehen könnte oder wie man es anstellen könnte, dass etwas nicht funktioniert.

Sich nicht anstecken lassen

Da sie besser im Katastrophieren als im Lösen von Problemen sind, kann man ihre kritischen Kompetenzen durchaus einsetzen, vor allem, wenn man selbst dazu neigt, die Dinge allzu optimistisch zu sehen. Als Gegengewicht für naiven Optimismus, als Ratgeber für Vorsichtsmaßnahmen oder als Kontrollinstanz, wenn es um die Prüfung von Nahrungsmitteln oder anderen Produkten geht, sind sie unschlagbar. Kein Pünktchen Schimmel, Verfallsdaten, Wetterveränderungen oder andere kreatürliche Entgleisungen bleiben ihnen verborgen: Feinheiten, die den gutgläubigen, robusten Optimisten einfach nicht so wichtig sind. Länger leben bedeutet aber auch, länger verdrießlich sein. Deswegen sollte man ihnen vielleicht öfters mal Pommes rotweiß oder eine Sahnetorte anbieten, zumal sie häufig keinen Käse mögen. Der ist für sie immer schimmelig und niemals reif.

Ein Familienvater kann sich nicht entscheiden, ob er den geplanten Ausflug mitmachen will oder nicht. Nachdem er die ganze Truppe irritiert hat durch seine düsteren Wetterprognosen, dem möglichen Herzinfarkt und den lauernden Zecken, spricht die Frau das fällige Machtwort: „Du musst dich weder anschließen noch mitmachen. Wir gehen jetzt los. Ein Paar Würstchen liegen im Kühlschrank, Kartoffelsalat gibt's bei der Rückkehr. Bist du einverstanden, dass wir uns am Abend wiedersehen?" Was dann geschah, kann man sich lebhaft ausmalen.

Sich nicht provozieren lassen

Am besten versucht man erst gar nicht, in den Strudel von Endlosdiskussionen zu geraten. Gegen chronische Neinsager ist man ohnehin machtlos. Das Einzige, was gegen vorzeitigen Verschleiß hilft, ist tief durchzuatmen und sich mit dem Satz aufzurichten: „Du schaffst es nicht, mich zu reizen“ oder einer situationsgemäßen Variante „ … mich abzuhalten“, „… mich zu provozieren“. Eine alte Dame gab mir diese sympathische badische Empfehlung: „Wenn mein Mann mal wieder seine Zustände hat, dann sage ich zu ihm ‚weißt du was? Trink doch erst mal ein Viertele, dann reden wir weiter‘.“ Immerhin haben sie es miteinander auf diese Weise über vierzig Jahre ausgehalten. Wem diese genüssliche Version nicht behagt, der kann eine gesündere Variante probieren: „Iss erst mal was Warmes …“ oder „Gönn dir erst mal ein Nickerchen.“

Wenn kein anderes Mittel mehr hilft, sollte man sich auf einen wohl geordneten Alleingang oder Rückzug vorbereiten, selbst bei Strafandrohung oder wenn der andere brüllt, um klar denken zu können. „Wenn du nicht mitreisen willst, werde ich meine Freundin einladen oder allein fahren“, erwidert eine Ehefrau nach einigen hoffnungslosen Runden. Was glauben Sie, tat der Partner dann?

Es nicht persönlich nehmen

Es ist nicht immer einfach, die Störmanöver der Negativdenker mit ruhigem Blut zur Kenntnis zu nehmen, vor allem, wenn man mit ihnen zusammenlebt oder arbeitet. Eine spitze Bemerkung hier, ein Blick da oder eine Geste, die im Handumdrehen die eigenen Ideen, Hoffnungen oder Träume zunichte machen. Falls einmal ein Anflug von Anerkennung oder Lob über ihre Lippen kommt, sollte man den obligatorischen Hinweis auf die aber dennoch vorhandenen Schwächen wie eine Fußnote behandeln und tunlichst mit einem gleichgültigen Schulterzucken darüber hinweggehen. Meist beginnen diese Sätze mit „Ja, aber“, womit vorgegeben wird, den anderen anzuerkennen, um aber nicht darauf einzugehen, sondern die eigenen Argumente entgegenzusetzen. „Sie ist ja großzügig, aber dafür kann sie das … und das … und das … nicht.“

Mit Menschen, die wie die Eulen nur im Dunkeln wachsam sind und blind für das Licht, braucht es ein nüchternes Herz und Optimismus, um sich nicht alles zu sehr zu Herzen zu nehmen.

Gelassenheit üben

Gelassenheit kann man durchaus vortäuschen, auch wenn einem nicht danach zu Mute ist. Wenn man findet, dass ein Gegenschlag nötig ist, sollte man ihn jedenfalls nicht tun, solange der Puls noch rast. John F. Kennedy hat diese Haltung in die Formel gebracht: „grace under pressure". Das heißt, an sich zu halten und die Haltung zu bewahren, solange man noch nervös herumflattert. Gerhard Schröder sprach von der „Politik der ruhigen Hand", Helmut Kohl war ein Meister des Aussitzens. Wer „aussitzen" kann, und erst dann reagiert, wenn die Lage günstiger ist, vertraut auf die Zeit, auf die List der Vernunft oder den rettenden Einfall. Oder man vermeidet jede Diskussion, weil man seine Energie nicht an Nutzloses oder Aussichtsloses vergeuden will, und kümmert sich mit gesteigerten Kräften um seine Arbeit und sein eigenes Wohlergehen. Und falls man dann immer noch etwas sagen will, dann sehr unmissverständlich und bewusst langsam. Besonnene Politiker verfügen über diese erstrebenswerte Gabe: Wenn es heiß wird, bewusst ruhig und kühl – ja, fast unerträglich langsam zu sprechen. „Gelassenheit in Abwesenheit des Erfolgs", nannte der Autor Martin Hecht diese Fähigkeit. Selbst Jesus soll diese rhetorische Tugend angewandt haben, stellte ein Zürcher Pfarrer fest, der die verschiedenen Arten von „Listen" Jesu durchleuchtete.

„Freu dich, das Schlimmste kommt noch!"

Ein bisschen Verwirrung statt logischer Argumente wirkt immer. Am besten legt man sich ein paar kleine Horrorszenarien zurecht, um der Phantasie des Angreifers zuvorzukommen.

Zum Beispiel: Das Wetter wird nicht nur schlecht, sondern es wird sicher Hochwasser geben, ein Erdbeben oder es wird hageln. Oder man erfindet eine kleine Geschichte, die dem anderen glaubhaft macht, dass es noch viel schlimmer kommen wird, als er dachte. Von Philander Johnson stammt diese Idee: „Freu dich, das Schlimmste kommt noch!"

Tiefsinnige Zitate machen sich immer gut, zum Beispiel: „Wenn du nicht weißt, was steckt dahinter, dann ist meistens Winter!" Oder zum Trost: „Sei heiter, Gott hilft weiter!" Oder zur Verwirrung das altbekannte Sprichwort: „Wenn der Hahn kräht auf dem Mist, ändert sich das Wetter oder es bleibt, wie es ist!" So wird der andere erst einmal aus dem Gleichgewicht gebracht und hat etwas zum Nachdenken. Zumal er ohnehin nicht flexibel ist und alles auf sich bezieht, wird er erst mal länger grübeln und schweigen. Versuchen Sie es einmal mit: „Die Axt im Hause erspart den Zimmermann." Erklären Sie nichts weiter und schauen Sie Ihrem Gegenüber tief in die Augen. Denkpausen sind immer gut, wenn jemand gerade dabei ist, einen auf die Palme zu bringen.

Mit Negativdenkern kommt man am besten zurecht, wenn man nicht argumentiert, sondern überrascht und irritiert. Das fordert die eigene Kreativität so sehr wie die Intelligenz des Gegenübers. Zumindest unterbricht es die gewohnten Denkvorgänge. Und man selbst verliert nicht die gute Laune.

Merken Sie sich ...

- Sich nicht infizieren lassen.
- Negative Kompetenzen konstruktiv einsetzen.
- Optimistisch bleiben und nicht hinhören.
- Einen Alleingang vorbereiten.
- Aussitzen.
- Betont langsam sprechen.
- Negativphantasien übertreffen.
- Verwirrung stiften statt logische Argumente einbringen.

9. Wie schafft man es, nicht unterzugehen in der Sintflut an Worten?

„Heute schon einen Auftritt gehabt?", frage ich eine Klientin, die zum Glück einiges an Humor verträgt. Sie bezeichnet sich als den „Paganini der Quasselstrippen" und in der Tat geht mir in ihrer Nähe manchmal die Luft aus. Oder es bleibt als Rettung – wie im überfüllten Fahrstuhl – eine leichte Körperdrehung, um mich aus der Gesprächsachse hinaus zu winden. Ihr Redeschwall ist nie langweilig oder böse, sondern eher ein Ausdruck überbordender Energie. Für sie ist es natürlich, so zu sein: „Andere sind kurzsichtig, kahlköpfig oder geizig, darüber regt sich ja auch niemand auf."

Abwarten und die Chance ergreifen

Man muss ja nicht gerade die sprichwörtlich kalte Schulter zeigen, und doch, wenn jemand zu weit geht und der Wortschwall kein Ende nehmen will, dann ist die Herstellung von Körperdistanz immer noch erträglicher als das Erdulden eines endlosen Redeschwalls. Uns stehen einige körpersprachliche Abwehrmethoden zur Verfügung: abwehrende Handgesten, signalisieren eigener Sprechbereitschaft, im übertragenen Sinn auf die Zehen treten, Signale der Ungeduld geben. Leider neigen Mitteilungsfreudige dazu, diese Signale zu übergehen. Dann bleiben immer noch verbale Signale, um deutlich zu machen, wie ausführlich und lang ein Gespräch sein sollte. Auch der Mitteilungsfreudigste muss einmal Luft holen. Also: Wie eine Katze vor dem Mauseloch abwarten und dann die Gelegenheit ergreifen, indem man beispielsweise sagt: „Bevor ich gehe, noch kurz eine Frage …", „Habe ich richtig verstanden, dass …", „Kannst du mir mal zuhören …", „Wenn ich das mal abschließend zusammenfassen darf …", „Es wäre besser, wenn wir dieses Gespräch vertagen würden …" Es geht darum, dass man ein zeitliches

Stoppschild setzt, um Grenzen zu setzen oder um sich einen eleganten Abgang zu verschaffen.

Grenzen markieren

Gegen jemanden mit diesem redseligen Hang zur Selbstdarstellung kommt man nicht an, wenn man sich auf einen Wettbewerb einlässt. Am besten man lässt ihnen ihren Auftritt und versucht Grenzen zu markieren. Statt sich zu ereifern, wenn sie oder er es wieder mal zu bunt treibt, wirkt auf jeden Fall ein Kontrastprogramm. Man sagt, was man zu sagen hat, mit klarer Artikulation und entnervender Langsamkeit. Erfahrungsgemäß ist das die Möglichkeit, um gelassen zu bleiben: Erstens, weil man langsam nicht brüllen kann und zweitens beruhigt es sowohl einen selbst als auch den anderen. Besonders am Telefon, wo die körpersprachlichen Abwehrmöglichkeiten wegfallen, empfiehlt es sich nicht zu lange zu warten, um deutlich zu machen, dass man dieses Medium zum Informationsaustausch benutzt, und Einzelheiten lieber dem direkten Kontakt vorbehalten möchte. Wenn der andere nicht völlig auf die Ohren gefallen ist, wird er nämlich merken, wenn man es wie dieser Geschäftsmann treibt: „Ich schalte einfach die Freisprechanlage ein und arbeite weiter am PC.“ So weit muss es erst gar nicht kommen.

Schweigepausen

Mit der Zeit gibt es im Austausch mit dramatisierenden Personen Erosionserscheinungen. Der mangelnde Kontakt und die Reduzierung auf die Rolle des Publikums erzeugen Überdruss und Gereiztheit. Man möchte sich dem Beachtungshunger entziehen, und das ist genau das, was der andere am meisten fürchtet. Statt herunterzufahren, wird er noch mehr aufdrehen und die Folge: Man reagiert noch gereizter. Besser ist es auf alle Fälle, sich nicht von der eigenen Linie abbringen und sich zu Belehrungen oder zu einem Rundumschlag verleiten zu lassen. Das drängt den Kritisierten in eine Verteidigungsposition und verhärtet die Fronten.

Wie kann man dem anderen zeigen, dass die Qualität des Kontakts nicht mit dem Strom des Geredeten steigt? Ein erster Schritt in diese Richtung kann darin bestehen, einmal bewusst Schweigepausen einzulegen. Wenn man den anderen genau in dem Augenblick, wo er ausholt, um mit irgendwelchen Geschichten Gesprächslücken zu füllen, dazu einlädt, einmal anzuhalten, kann man mitunter kleine Wunder erleben. Eine betroffene Dame prustete in solch einem verordneten Schweigemoment plötzlich los und meinte: „Ich glaube, ich hatte mal wieder Durchfall!“ Oder eine andere hatte die Erleuchtung: „Oh, ich rede mal wieder zuviel?“ Interessant ist, dass beide sagen „mal wieder“. Sie wissen um ihren Drang und können es aber dennoch nicht lassen.

Zuhören, filtern oder auswandern?

„Einfach mal zuhören“, wäre Redseligen zu raten, für die das Wort „zuhören“ ein Fremdwort ist. Nicht im Sinne einer neuen Gesprächstechnik, wie das in therapeutischen Gruppen praktiziert wird, wo die eigene Antwort erst dann gesagt werden darf, nachdem der soeben gehörte Inhalt des anderen mit eigenen Worten wiedergegeben wurde, sondern als eine innere Haltung. Es soll eine Empfangsbereitschaft hergestellt werden, die das Gehörte erst einmal aufnimmt, sich davon berühren lässt und erst dann antwortet, wenn eine innere Resonanz vorhanden ist. Die Partner von „Schnattergänsen“ können sich und dem anderen helfen, indem sie ein Klima ausstrahlen, das dem anderen vermittelt „Nimm dir Zeit ...“, „Ich interessiere mich für dich ...“, „Du kannst ruhig auch mal einen Punkt (oder ein Komma) machen.“ Und zur Vertiefung: „Mich interessiert mehr, wie es dir wirklich geht (wie es dir zumute ist, was dich bewegt) ...“, um anzudeuten, dass Dramaturgie und Geschichten nicht notwendig sind.

Suchen Sie Blickkontakt und signalisieren Sie: „Ich nehme dich ernst.“ Um den Sprechfluss erträglich zu machen, können Sie auch gleich zu Beginn des Gesprächs mit eigenen Worten herausfiltern, worum es eigentlich geht. „Wenn ich dich richtig verstanden habe, geht es dir um …“ oder „Ich will wissen, ob ich dich richtig verstanden habe: Dir ist wichtig, dass …“ Durch diese Wiederholung spiegeln Sie den Kern der Aussagen und zeigen, ohne es auszusprechen, dass Sie den anderen ernst nehmen.

Ab einem bestimmten Grad von Unbeirrbarkeit bleibt einem als gut erzogener Zuhörer manchmal nichts anderes übrig, als eine kleine mentale Auszeit zu nehmen. Sprich: zuhören und gleichzeitig in Gedanken auswandern. Wenn das nicht ohnehin von selbst geschieht, kann man es notfalls bewusst als Technik einsetzen und so steuern, dass man an den Ort seiner Träume kurz einkehrt und rechtzeitig wieder auftaucht. Das verschönt nicht nur den Gesichtsausdruck, man sieht auch entspannter aus. Es müssen nicht unbedingt Orte sein, es kann auch schöne Musik sein oder ein inneres Summen, das man sich gestattet, wenn es die Höflichkeit gebietet. Das massiert die Knochen und entspannt die harten Muskeln.

Genug ist genug

Wenn man nicht gerade zur geduldigen Sorte von Mensch gehört, und nach einiger Zeit auch mit körperlichem Unwohlsein reagiert, dann sollte man Monologe beenden und von etwas anderem reden: „Wir haben uns jetzt schon so lange über deinen Appetit und deine Verdauung unterhalten. Einmal muss Schluss sein. Wie geht es denn deinen Kindern?“ Hier plädiere ich dafür, ein Thema unerledigt zu lassen. Damit wird eine fundamentale Lebenstatsache berücksichtigt: Unsere Lebenszeit ist begrenzt. Nicht alles kann unbegrenzt lange besprochen werden. Manchmal gibt es wichtigere irdische Aufgaben zu bewältigen.

Einen dramatisierenden Menschen wird man wohl kaum dazu überreden können, weniger zu übertreiben, wenn man ihm sagt: „Warum übertreibst du immer alles, was du sagst?" Die Erfolgschancen steigen aber, wenn man Bewertungen völlig außer Acht lässt und schlicht vorschlägt: „Schau doch einfach mal, was passiert, wenn du bis zehn zählst, bevor du loslegst." Dahinter steckt der Gedanke, dass die Konzentration auf einen Aspekt des Verhaltens weniger Abwehr erzeugt. Die Chance entsteht, dass der andere einen Blick nach innen wirft und spürt, was ihn wirklich treibt, welche Wünsche, Sehnsüchte sein Verhalten auslösen. Kleine Schritte sind nützlicher als ein großer Satz, besonders dann, wenn sie begleitet werden von unterstützenden Aussagen.

Dies erinnert an Grundsätze der Erziehung von Halbwüchsigen. Oftmals kann man ein entnervendes Verhalten am besten abschwächen, indem man das gegenteilige Verhalten ermuntert. Wenn es sich also zeigt, dass das dramatisierende Verhalten für Momente zur Seite gelegt wird, so sollte man diese Momente nicht ungenutzt verstreichen lassen. Jetzt ist die Chance, zu zeigen, wie sehr man es schätzt, wenn der andere sich sammelt und echten Kontakt sucht. Ein Firmenchef beschreibt sein Verhalten: „Wenn mein Mitarbeiter mal wieder nur redet und redet, dann schaue ich ihn kaum an und reagiere ziemlich wortkarg und einsilbig. Wenn er aber mit echten Anliegen und direkten Fragen kommt, dann lächle ich und zeige, wie kompetent ich ihn finde." Auch wenn man geneigt ist, sich zu amüsieren über dieses unübersehbare Verlangen nach Beachtung, so sollte man nicht vergessen, dass man einiges lernen kann von diesen Menschen, die immer dafür sorgen, dass Drama und Aktion ins Leben kommt. Vor allem wenn man selbst zur eher gemütlichen Sorte von Mensch zählt, die lieber zuhört als sich um die Position des Erzählers zu reißen. Die größte Stärke, die man erreichen kann, ist, sich von ihrer Theatralik und Bühnenkunst einiges abzugucken – statt sich zu ärgern.

Merken Sie sich ...

- Körperdistanz herstellen oder zeitliche Stoppschilder setzen.
- Grenzen markieren durch klare, langsame Artikulation.
- Schweigepausen einlegen.
- Blickkontakt halten und vermitteln „Ich nehme dich ernst".
- Mentale Auszeit nehmen.
- Ein Thema unerledigt lassen.
- Gegenteiliges Verhalten ermuntern.
- Warum nicht einiges von ihnen aufnehmen und ins eigene Verhaltensrepertoire übernehmen?

10. Wie bringt man einen Intoleranten zum Lachen?

Wenn Sie einen Intoleranten dazu verführen könnten, seine Urteile über andere einmal probeweise fallen zu lassen und stattdessen zu fragen: „Was hast du davon, wenn du dich immer wieder über andere aufregst? Wenn du abträglich interpretierst oder andere herunter machst?" Wenn er seinen Kopf gerade frei hätte, würde er vielleicht erst einmal darüber lachen oder staunen, wie stark er seine eigenen Gefühle von Schwäche verdrängt und wie streng oder verächtlich er mit sich selbst und daher auch mit anderen umgeht. Meist mangelt es aber an dieser Einsicht, weil intolerante Menschen oft meinen, im Namen des Guten zu handeln. Manche von ihnen sind sogar davon überzeugt, sie zeigten sich in ihrer Intoleranz von ihrer besten Seite. Wie dieser etwas ungenießbare Feinschmecker, der bei einer Einladung zu Wein und Guglhupf der Dame des Hauses nahe legte: „Ich glaube, ich sollte dir mal zeigen, wie man den Teig locker hinkriegt. Am besten, wir backen mal zusammen. Oder soll ich dir lieber eine schriftliche Anleitung zufaxen?" Eigentlich hat er es gut gemeint, aber wie viel angenehmer wäre der Besuch verlaufen, wenn er sich diese weitergehenden, besserwisserischen Angebote verkniffen hätte. Zum Glück beherrschte die Dame die Kunst, sich giftige Kommentare zu verkneifen. Sie lächelte schlau: „Über dieses großzügige Angebot muss ich erst mal meditieren."

Intoleranz äußert sich zwar nicht so dramatisch wie heiße Wut, aber sie lässt sich nur schwer kurieren. Da es nun mal keinen Impfstoff gegen Intoleranz gibt, bleibt nur der kluge Schutz vor diesem resistenten Bazillus, gegen den fast kein Kraut gewachsen ist.

Standhaft bleiben

Die größte Kunst im Umgang mit Intoleranten liegt darin, sich nicht einschüchtern zu lassen und zu demonstrieren, dass man eine eigene Meinung hat, und dass das Recht, diese Meinung zu äußern, Bestandteil der eigenen Persönlichkeit ist. Vor allem dickköpfigen intoleranten Menschen kann man ruhig zeigen, wo es lang geht, sonst ändert sich nie etwas. Es geht darum, ruhig, sachlich und bestimmt den eigenen Standpunkt klarzumachen, sich nichts bieten zu lassen und nichts hinzunehmen oder den auftretenden Fluchtimpulsen nachzugeben. Harmoniestreben, Demutsgesten, ein schnelles „Ja und Amen" sind zu vermeiden, denn dafür wird der Intolerante einen mit Verachtung strafen. Man erweckt vielleicht nicht gerade Liebesgefühle, wenn man seinen pädagogischen Auftrag wahrnimmt. Aber man kann durch standhaftes Auftreten zumindest erreichen – und das ist ziemlich viel – dass er lernt zu respektieren, dass man ein Recht auf seine eigene Weltsicht hat. Oder zumindest das Recht, anders als er sein zu dürfen.

Kleine Überraschungen servieren

Die größte Verblüffung und den größten Respekt erzeugt man, wenn sich das eigene kommunikative Verhalten wohltuend von dem Weltbild und den Klischees des Intoleranten abhebt.

Kleine Überraschungen oder sanfte Ironie, damit kommen Intolerante Personen, die sich moralisch überlegen fühlen und alles ziemlich eng sehen, nicht gut klar. „Du steigerst die Vorfreude auf deine Person ins Unerträgliche", so verblüffte unlängst eine Freundin einen besonders ungenießbaren Brocken. Ironische Einschübe haben den Vorteil, dass man sich selbst amüsiert, während der andere alles wörtlich nimmt. Es geht darum, charmant, liebenswürdig pfiffig zu werden. Gute Einstiegshilfen sind: bewusst atmen in kritischen Situationen, bei sich bleiben und ins Grinsen oder Kichern kommen. Eine Gastwirtin hat unlängst einen ziemlich überheblichen Zeitgenossen mit der Frage verwirrt: „Sag mal, warst du immer schon so allergisch, oder ist das neu bei dir?" Dieser Satz lässt sich übrigens je nach Bedarf gut variieren: „Warst du immer schon so dogmatisch (liebenswert, brillant, liebreizend ...)?" Und ein anderer meinte zu seiner Freundin, die über ihre Kollegen als „ein Pack von Idioten" sprach: „Schau mal in den Spiegel, wie charmant du gerade aussiehst, wenn du so sprichst." Es bedarf keiner Sehergabe, um sich vorzustellen, dass man nicht sehr begehrenswert aussieht, wenn man andere schlecht macht. Manchmal hilft der Blick in den Spiegel.

Wohlwollen zeigen

Intolerante können sich dem Charme und der Herausforderung von großzügigem Wohlwollen nur schwer entziehen. Dieser Vorschuss an großzügiger Unterstellung fordert nicht nur auf, sich selbst von der besten Seite zu zeigen, auch der andere wird unter positiven Stress gesetzt. Er irritiert nämlich den Intoleranten, der Zuvorkommenheit schnöde an sich abgleiten lässt. Das heißt nun nicht, dass man verschwenderisch Liebenswürdigkeiten austeilt. Sie eignen sich nicht zur Inflation. Dass wir wieder nett miteinander sein sollen, ist ohnehin Platitude. Vielmehr geht es um eine Haltung, die es den Intoleranten schwer macht, mit Ablehnung zu reagieren. Viele Kontakte können gerettet werden, wenn man bereit ist, Wohlwollen großzügig zu verteilen. „Danke dass du mich auf meinen Fehler aufmerksam gemacht hast" oder „Kein Freund würde sich die Mühe machen, meine Arbeiten so genau zu lesen" oder „Wenn ich dich in diesem Punkt ergänzen darf", statt „Das sehe ich anders …" Das ist genau das Kontrastprogramm, mit dem sie nicht rechnen.

Auszeiten nehmen

Intolerante Menschen haben Schutzschilder, die sich von Tag zu Tag ändern können. Einen Tag verstehen sie Spaß, am nächsten Tag haben sie ein deformiertes Verhältnis zu jeder Art von Humor. Und wenn ihre Nerven angespannt sind wie Saiten, findet sich immer einer, der darauf spielt. Man kann nie ganz sicher gehen, wann sie wem welche Grenzen zeigen. Wenn man weiß, dass diese fließenden Grenzen damit zusammen hängen, dass sie andere manipulieren wollen oder ihre eigenen außer Kontrolle geratenen Gefühle kontrollieren müssen, dann sinkt schon mal die eigene Bereitschaft, sich zu ärgern und die des anderen ebenfalls. Auch wenn es einem nicht danach ist, ein wenig vor sich hin zu trällern und die dunkle Wolke stillvergnügt an sich vorüberziehen zu lassen. „Eine Wolke in Hosenträgern" nannte ein junge Bürofachfrau ihren unberechenbaren Chef und jedes Mal, wenn er wieder besonders engstirnig veranlagt war, gönnte sie sich einen ausgiebigen Gang zur Toilette, wo man sie pfeifen hören konnte.

Grenzen ziehen

Wenn man nun nicht so ein dickes Fell hat, wie diese erwähnte Frau, die sich auf die Toilette verziehen konnte, dann gibt es immer noch die Möglichkeit, sich innerlich eine Art unsichtbare Schranke vorzustellen, mit der Sie sich abschirmen. Ihre innere Schranke hilft Ihnen auch dann noch freundlich zu bleiben, selbst wenn der andere Ihnen wieder einmal vorwirft, dass Sie nicht gut genug (kompetent genug, schnell genug ...) seien. Diese Schranke ermöglicht es, Grenzen zu ziehen und sich und Ihre Stimmung vom anderen zu trennen. Man kann sich diese Schranke auch als transparente Schutzblase vorstellen, an der alles abprallt, was einem nicht gut bekommt. Sie können sich auch einen passenden Satz dazu innerlich sagen: „Das hat nichts mit mir zu tun" oder „Davon lasse ich mich nicht provozieren" oder „Das lass mal schön bei dir."

Den Spieß umdrehen

Vermutlich kommt es erst gar nicht so weit, wenn man es schafft, sich in diese Manipulationen nicht hineinziehen zu lassen und den Spieß umzudrehen. Aber wie? Ein Junge brachte auf diese Art seinen Vater, der ihn ziemlich unbarmherzig demontierte, ziemlich abrupt zum Schweigen: „Sag mal Papa, hast du das öfter?"

Die Natur hat uns glücklicherweise ein Putzmittel für den freien Kopf zur Verfügung gestellt: Unsinn machen. Diese Methode befreit wie kaum eine andere aus Verstrickung und löst Moralin und andere trübe Gedanken. Warum nicht einfach Unsinn machen, ein bisschen mit dem Chaos spielen und sich bewusst in die Standpunktlosigkeit bringen – als Kontrast zur Standpunktverhärtung des intoleranten Gegenüber. „Weißt du, darüber denke ich nur sonntags nach!" Oder ein Tipp von einer Autorin: „Tut mir leid, darüber ärgere ich mich nur an geradzahligen Tagen" (nach Bedarf an ungeradzahligen Tagen). Selbst wenn man das Lachen hin und wieder künstlich startet, ist das immer noch besser als authentisch intolerant zu sein. Im Grunde geht es um ein Sprengen des Intoleranzkorsetts, ohne jedoch zu brüskieren oder zu verletzen. Eine Kollegin meinte: „Wenn ich mit harten Brocken zu tun habe, dann werde ich immer so was von überhöflich. Je ekelhafter mir jemand kommt, desto liebreizender – fast unerträglich liebenswürdig – werde ich." Vielleicht ist das ein weiser Ratschlag, denn immerhin spart man sich eine Menge Nervenkraft. Und außerdem ist es eine besonders angenehme Möglichkeit, im Lachen zu landen.

Merken Sie sich ...

- Lassen Sie sich nicht einschüchtern.
- Servieren Sie kleine Überraschungen und einen sanften Schuss Ironie.
- Interpretieren Sie wohlwollend.
- Schützen Sie sich durch eine innere Schranke.
- Grenzen Sie sich ab.
- Drehen Sie den Spieß um.
- Machen Sie Unsinn, stiften Sie Chaos.
- Setzen Sie den Charme großzügiger Unterstellungen ein.

Stachelschweine halten uns lebendig

Stachelschweine halten uns lebendig, fordern unsere Kreativität und unseren Humor heraus, machen aber gleichzeitig auch Falten, gegen die auch die teuerste Kosmetik nicht ankommt, weil es Falten sind, die von innen her rühren. Wenn Sie in der Lektüre dieses Buches bis hierhin gelangt sind, werden Sie sich in den Varianten von Stachelschweinverhalten besser auskennen und Sie werden Bescheid wissen, wie man angemessener mit ihnen umgeht. Sie werden vielleicht auch verstehen, wie vielschichtig der seelische Prozess ist, der wirklichem Verstehen zugrunde liegt.

Daher mein Wunsch, dass Sie mit dem Stoff dieses Buches und ihren eigenen „Stachelschweinen" Verbindungen herstellen, Konsequenzen ziehen und diese auch praktisch umsetzen. Voraussetzung dafür ist die Einübung der Vorstellungskraft, die es braucht, um die Welt mit den Augen des anderen zu sehen, das heißt „in seine engen oder weiten Schuhen zu schlüpfen". Die Beatles formulierten es treffend mit ihrem Song „Try to see it my way …".

Sicher werden Ihnen beim Lesen hin und wieder Personen oder Situationen spontan eingefallen sein, bei denen Sie sich bei Gedanken ertappten: „Wie meine Mutter!", „Typisch Schwester!", „Der Schwager, wie er leibt und lebt!", „Kommt mir bekannt vor!" oder „Ganz so schlimm ist sie aber doch nicht!" Solche Aha-Momente sind durchaus willkommen, erleichtern sie doch die Verknüpfung zwischen Theorie und Praxis. Um zwischenmenschliche Verwicklungen zu entflechten, reicht abstraktes Denken ebenso wenig aus wie bloßes Sympathisieren. Es braucht: mitdenken und mitfühlen. Und wenn man Brücken schlagen will, dann erfordert es auch den vorübergehenden Verzicht auf die eigene gewohnte Weltsicht.

Manchmal ereignet sich gegenseitiges Verstehen einfach – wie beim Tanzen. Man dreht seine gemeinsamen Pirouetten mühelos, leicht und spielerisch. In dem Moment sagen wir: die Chemie stimmt. Keine Anstrengung ist nötig, es geschieht wie von selbst. Schwierige Menschen müssen wir aber verstehen *wollen.* Meist geschieht es nicht einfach und mühelos. Man muss sich entscheiden, verstehen zu wollen, weil man etwas erkannt hat, und weil man es will. Oft muss man Widerstände und Abwehr überwinden. Selbst dann gelingt es nicht immer. Manchmal bleiben wir buchstäblich außen vor. Und dann reicht es nur zur „Abraham-Lot-Lösung" als realistischer Alternative zu moralischer Selbstüberforderung: Abraham und Lot anerkennen, dass sie zwar Brüder sind, aber dass ihre Interessen im Konflikt stehen. Statt sich nun gegenseitig zu entwerten, gehen sie ihre eigenen Wege nach dem Motto: „Gehst du zur Rechten, gehe ich zur Linken." Sie haben die Nichteinmischung in die inneren Angelegenheiten des anderen als lebbaren Ratschlag gewählt. Auch das kann eine realistische Lösung sein.

Schwierigkeiten mit anderen finden überall dort eine Grenze, wo man sich entscheidet, sich damit auseinander zu setzen und dies auch tut – ganz gleich, ob man nun Erfolg hat oder nicht. Man wird dadurch zwar kein besserer Mensch oder gar ein guter, aber man hat sich entschieden sich dieser Erfahrung auszusetzen, und tut es für den anderen, für sich selbst und weil man es will.

Der Umgang mit Stachelschweinen braucht Praxis und Einübung. Weit davon entfernt, die Spannungen zu bagatellisieren, die einen mitunter an den Rand der Verzweiflung treiben können, ordnet eine übende Einstellung die auftretenden Schwierigkeiten als Herausforderung für ein lebendiges, lernbegieriges Leben. Sie geht davon aus, dass der zwischenmenschliche Austausch ein *Weg* ist. Vergleichbar ist dieser Weg mit dem Lernen eines Instruments. Man muss es stimmen, und man muss immer wieder üben, egal ob man nun Lust hat oder nicht, ob die Sonne scheint, ob es regnet oder schneit. So treten allmählich Zusammenhänge zutage, die bis dahin unsichtbar waren. Erst dann wird man frei zu improvisieren. Ohne Disziplin keine Freiheit!

So groß die Herausforderungen auch sein mögen, die schwierige Menschen an uns stellen: Sie begegnen uns nicht, um uns zu vernichten, sondern um unsere Sinne für andere Welten der Wahrnehmung zu schärfen. Die Härte der Stacheln wird dadurch freilich nicht gemildert. Wie viele Stiche und Blessuren werden trotzdem noch durchzustehen sein! Ganz zu schweigen von der Übellaune, die uns erfasst, wenn wir trotz unseres Wissens immer wieder scheitern. Dennoch überwiegt das Vertrauen, dass uns oft gerade im Moment der Aussichtslosigkeit atemberaubende, unerwartete Begegnungen erwarten. Manchmal ist es die Erinnerung daran, wie wir als Kind in Momenten der Angst und Ausweglosigkeit plötzlich ein Rendezvous mit dieser hartnäckigen Stimme hatten, die uns zuraunte: „Du brauchst nichts zu fürchten." Haben wir nicht alle die Erfahrung gemacht, dass es schwierige Situationen gab, in die wir unvorbereitet hineingeschlittert sind, in denen uns aber die Intuition die richtigen Antworten zusteckte? Vielleicht verlieren dann die unwissenden Äußerungen, die uns immer wieder einmal herausrutschen, oder die Dummheiten, die uns unterlaufen, an Schrecken. Und vielleicht können wir sogar mit einem Augenzwinkern darüber schmunzeln. Denn selbst wenn sich die eine oder andere Reaktion auf unsere stacheligen Zeitgenossen als ungeschickt oder absurd herausstellen sollte, so ist sie immer noch besser als das phantasielose Schweigen, mit dem sich Menschen aus dem Weg gehen.

Die Kunst im Umgang mit Stachelschweinen ist eine Summe von praktischen Verhaltensweisen. Manche haben diese Erfahrungen schon früh erworben, weil sie mit schwierigen Eltern oder Geschwistern aufgewachsen sind. Sie haben es von der Pike auf gelernt und nutzen dieses Wissen nun unbewusst. Andere müssen diese Kompetenzen als Erwachsene mühsam erwerben oder bei Therapeuten nachfragen.

Allerdings stößt wahrscheinlich jeder einmal an die Grenze, wo er sich fragt: Lohnt sich die Mühe, sich mit diesen stacheligen Zeitgenossen auseinander zu setzen? Ungeachtet aller Probleme möchte ich das bejahen, weil wir im Umgang mit diesen Herausforderungen immer auch uns selbst helfen. Der Umgang mit anderen steht in enger Wechselbeziehung mit den eigenen schwierigen Seiten. Deswegen ist der Einblick in die Seele eines anderen immer zugleich Einblick in die eigene Seele. Man kann jede Auseinandersetzung erträglicher gestalten, wenn man an Situationen denkt, in denen man sich schon selbst in der Position des jeweils anderen befand. Die Geduld, die ich einem anderen gegenüber aufbringe, macht auch mich selbst toleranter gegenüber den Hürden der eigenen Entwicklung.

Zähmen bedeutet, sich vertraut machen

Eine Frau, die sich gegen eine radikale Neuorientierung entschied und mit Dienstleistungen und dem Erdulden schlechter Behandlung von ihrem Partner versuchte, immer wieder ein Stück vermeintlichen Paradieses zu erzwingen versuchte, tröstete sich mit der Erkenntnis: „In den letzten Jahren habe ich in unserer Beziehung immer wieder erfahren: Wenn zwischen uns beiden eine Türe zugeht, dann geht irgendwo anders ein Fenster auf." Diese Fenster gibt es in der Tat. Manchmal ist es ein überraschender Brief. Ein anderes Mal sind es ein paar frische Eier, die vor der Haustüre liegen, gerade in dem Moment, wo man sich selbst wie ein zusammengefallenes Soufflé fühlt. Derartige Hausmittel sind besonders heute in unserer zutiefst sprachlosen Zeit – dazu gehören auch viele nicht-sprachliche Sprachen – von unschätzbarem Wert. Sie wirken nicht nur bei alltäglichem Kram, der uns an den Nerven sägt, sondern auch bei echtem Kummer.

Im Umgang mit Stachelschweinen braucht es mehr als clevere Strategien oder positives Denken. Gibt es aber eine Schlüsselqualifikation, die uns hilft, sich zurechtzufinden in der Bandbreite von schwierigem Verhalten? Woran könnte man appellieren? Am nächsten läge es, sich ans Gewissen zu richten. Nur greift das zu kurz, weil unser Gewissen uns zwar warnt, aber es spornt uns nicht an, über unsere eigenen Schatten zu springen. Es braucht also eine weitere Dimension, auf die sich unser zwischenmenschliches Verstehen bezieht. Antoine de Saint-Exupéry schreibt in seinem berühmten Märchen „Der kleine Prinz“ folgendes: Der kleine Prinz bittet den Fuchs mit ihm zu spielen, aber der erwidert: „Ich kann nicht mit dir spielen, ich bin noch nicht gezähmt. Zähmen bedeutet, sich vertraut machen. Noch bin ich für dich nichts als ein Fuchs, der tausend anderen Füchsen völlig gleicht, aber wenn du mich zähmst, werden wir einander brauchen. Wir werden füreinander einzig sein in der Welt. Wenn du einen Freund willst, so zähme mich …“ Zur Abschiedsstunde schenkt der Fuchs dem kleinen Prinz ein Geheimnis: „Man sieht nur mit dem Herzen gut, das Wesentliche ist für das Auge unsichtbar.“

Könnten wir vom Fuchs lernen, mit Stachelschweinen umzugehen? Ich glaube ja. Dieses „mit dem Herzen sehen“ scheint mir eine Antwort auf die Frage nach der Schlüsselqualifikation zu sein. Es gibt etwas in uns, das seine Gründe hat, die der Verstand nicht versteht. Blaise Pascal nennt diese Dimension: das Herz. Wenn das Herz fehlt, gibt es kein Mitfühlen. Es entsteht das Drama der Entfremdung, der Kälte, der Ablehnung und der Gewalt. Herz haben ist etwas, das wir füreinander haben. Es geht weiter als der Verstand zu reichen vermag. Das Herz, das wir füreinander haben, äußert sich im Mut, die Kluft zwischen dem eigenen und dem anderen Fühlen zu überspringen. Es eröffnet uns ein Verständnis, das mehr ist als Sympathie, weil wir „lesen“ können, was einen anderen Menschen antreibt, was er denkt und fühlt. Wer Herz hat, ist auch beherzt und kommt kippeligen Situationen durch einen Vorschuss an zutrauender Beachtung zuvor, selbst dort, wo der äußere Anschein von Stacheligkeit und Ungenießbarkeit dagegen spricht.

Kinder brauchen Herz und schwierige Menschen erst recht: unverzagte, humorvolle Spielgefährten; Wegbegleiter, die sie ermutigen, Ausflüge zu unternehmen, die aber auch einmal die Zähne zeigen und Grenzen setzen. Allerdings ist das so eine Sache mit dem Herzen. Man spürt es nur, wenn man nicht verlernt hat, hinzuhören. Die Stimme des Herzens hat leise Töne. Man nähert sich ihnen nur durch behutsames Lauschen, durch Achtsamkeit und Stille.

Als Einübung zur Weitung des Herzens schlage ich deshalb eine aus der tibetischen Philosophie inspirierte „Herzensübung" als Alltagshilfe vor:

Herzensübung
Vergegenwärtigen Sie sich den betreffenden schwierigen Menschen vor der nächsten Begegnung ganz lebendig und bewusst. Versuchen Sie, in der Phantasie gleichsam in seine Schuhe hineinzuschlüpfen. Danach wiederholen Sie mehrmals folgende Merksätze:

1. Dieser Mensch reagiert auf Trauer, Enttäuschung oder Einsamkeit genauso verletzt wie ich selbst.
2. Dieser Mensch hat wie ich in seinem Leben schon Leid, Schmerz und Verlassenheit erlebt.
3. Dieser Mensch braucht Zuwendung, Verständnis, Wohlwollen und Liebe genauso wie ich auch.

Sie werden wahrscheinlich erleben, dass Sie einem „schwierigen" Menschen mit einer anderen Haltung gegenübertreten. Sie werden selbstsicherer, gelassener, wohlwollender reagieren als bisher. Und für den anderen ist es schwer, sich dem Charme großzügig unterstellten Wohlwollens zu entziehen. Der Vorschuss an Wohlwollen kann sogar Stachelschweine unter positiven Stress setzen, die sich im oberen Bereich der Richterskala bewegen. Wer Stachelschweinherzen für sich einnehmen will, sollte sich auf diese Art von Großzügigkeit verstehen. Es soll sogar schon Stachelschweine gegeben haben, die sich spontan verliebt haben, weil ihnen plötzlich jemand einen Vorschuss an Vertrauen entgegen brachte.

Knigge für den Umgang mit Stachelschweinen

Nachdem Sie Ihre kleinen oder größeren Abenteuer mit Stachelschweinen vielleicht mit neuen Augen sehen, liegt es auf der Hand, dass es den Stein des Weisen wohl nicht gibt. Jeder muss ihn in die Hand nehmen und im konkreten Augenblick immer wieder aufs neue prüfen und abwägen: „Um was geht es wirklich, und wie verhalte ich mich angemessen?“ Leidvolle Stiche wird man wahrscheinlich immer wieder abbekommen, zumal die Stachelschweine, die sich eher aufs Stechen als aufs Küssen verlegt haben, in absehbarer Zeit wohl nicht aussterben werden. Man kann aber hoffen, dass sie nicht in der Überzahl auftreten. Und man kann sich bemühen, sie nicht ernster zu nehmen, als es einem gut tut, wenn man es schon nicht schafft, ihnen das Handwerk zu legen.

Der Freiherr von Knigge konnte in seinem einst viel gelesenem Werk „Über den Umgang mit Menschen“ (1788) noch Weltweisheiten über den „Umgang mit Leuten von allerlei Ständen“, „Über den Umgang mit Leuten von allerlei Lebensart und Gewerbe“ innerhalb seiner Gesellschaftsordnung verkünden. Heute müssen wir anders vorgehen. Wir sind verurteilt, unser Verhalten nach eigenen Maßstäben auszurichten und stehen allein vor der Lebensaufgabe: Wie verhalte ich mich angemessen? Selbst professionelle Berater wissen keine eindeutigen Antworten auf das richtige „Wie“. Aber sie verfügen über einen Suchkompass, wie man sich im zwischenmenschlichen Dschungel orientieren und zurechtfinden kann.

Einen solchen Leitfaden möchte ich Ihnen für den alltäglichen Umgang auf den Weg geben. Egal mit welchem Typus von Stachelschwein Sie zu tun haben, es gibt ein paar grundlegende Haltungen, die dazu beitragen, dass man besser miteinander „klarkommt". Hier die vier wichtigsten, die für eine förderliche Kommunikation mit Stachelschweinen wegweisend sind:

Erstens:

Zunächst einmal die Situation richtig einschätzen. Wie erkennt man überhaupt, ob man es mit einem echten Stachelschwein zu tun hat oder mit jemandem, der sich einfach nur situationsbedingt von seiner schlechten Seite zeigt oder ein Formtief hat? Die Gefahr ist nämlich, dass wir in schwierigen Situationen dazu neigen, den anderen als „schwierig" zu sehen und den eigenen Anteil daran herunterspielen oder als „menschliche Schwäche" abtun. Manchmal ist es leicht, ein Stachelschwein zu identifizieren – diejenigen, die überall und prinzipiell „schlecht drauf" sind, diejenigen, denen ein grimmes Schicksal eine granitene Muffigkeit ins Gesicht gemeißelt hat. Da ihre Stimmungslage keine Schwankungen erlaubt, ist es einfach, sie zu diagnostizieren. Das sind die Leute, die den Stoff für Büro- oder Nachbarschaftsklatsch liefern, über die man lacht oder sich wundert und die man am liebsten meidet. Es gibt aber andere Begegnungen, die nicht so eindeutig einzuordnen sind. Die Nachbarn, die sich plötzlich in eisiges Schweigen zurückziehen, der Freund, der einen unerwartet zurechtweist und kritisiert, der Partner, der starr an seinem einmal gefassten Urteil festhält. Worin besteht nun der Unterschied zwischen vorübergehenden situativen Schwierigkeiten mit anderen und wirklich schwierigen Personen? Im Eingangskapitel bezeichnete ich Personen als schwierig, deren Verhalten chronisch festgefahren ist, so dass sie in der Begegnung mit anderen keine neuen Erfahrungen machen können. Ob man also nach einer Entschuldigung für eigene Probleme sucht, oder eine momentane Entgleisung einer ansonsten intakten Beziehung erlebt, oder wirklich mit einem Stachelschwein zu tun hat, dieser Unterscheidung nähert man sich durch die Beantwortung folgender vier Leitfragen:

a) Reagiert die betreffende Person immer wieder auf ähnliche Art und Weise?
b) Reagiere ich selbst unverhältnismäßig auf diese Situation, d. h. werden auch meine wunden Punkte oder schlechten Seiten zutage gefördert?
c) Gab es einen Auslöser, der die schwierige Situation hervorrief?
d) Gibt es die Möglichkeit, durch eine Aussprache die Situation zu klären?

Wenn Sie auf die ersten beiden Fragen mit Ja antworten und auf die dritte und vierte Frage mit Nein, dann ist die Wahrscheinlichkeit hoch, dass Sie es mit einer schwierigen Person zu tun haben. Und umgekehrt: Wenn Sie die ersten beiden Fragen mit Nein antworten und auf die beiden letzten Fragen mit Ja antworten, dann haben Sie es wahrscheinlich eher mit einer Person zu tun, die nicht grundsätzlich schwierig ist, sondern deren Verhalten momentan zu Konflikten führt, die aber auflösbar sind.

Zweitens:
Gestehen Sie dem anderen das Recht zu, anders bzw. „schwierig" sein zu dürfen. Denken Sie daran: Jeder hat das Recht, unmöglich zu sein. Übrigens: Auch Sie!

Im Umgang mit Stachelschweinen heißt das: Hören Sie auf zu erwarten, dass sie anders wären, als sie nun einmal sind. Hören Sie auf, das zu verlangen, was sie Ihnen nicht geben können. Manchmal heißt das auch, festzustellen, dass sie uns nicht die Achtung und Anerkennung geben können, die wir von ihnen gern hätten.

Wenn Ihnen jemand einen ausgetretenen Schuh vor die Füße wirft, haben Sie die Wahl, ob Sie sich diesen Schuh anziehen. Niemand kann Sie dazu zwingen. Wenn Sie nun verärgert oder wütend reagieren, dann hat Ihr Stachelschwein erreicht, was es wollte. Was hindert Sie, den Schuh nicht anzuziehen?

Eigene Erwartungen sind für einen Großteil unseres „Schuhanziehens" und Kummers verantwortlich. Wir wollen, dass ein Mensch sich auf eine bestimmte Weise verhält, weil sich in unseren Köpfen der Wunsch festsetzt: „Wenn du mir doch nur ähnlicher wärst." Im Märchen können aus Fröschen Prinzen oder Prinzessinnen werden, aber in der Realität ist dies unwahrscheinlich. Statt zu erwarten, dass der andere den eigenen Wünschen und Ansprüchen entspricht, und statt unnötig Energie zu verschwenden, ihn zu verändern, kann man lernen, sich auf stacheliges Verhalten einzustellen. Man regt sich nicht mehr als nötig auf, und sagt sich mit einem augenzwinkernden Bekenntnis: „Sie/er *muss* es einfach anders sehen."

Dadurch werden nicht nur viele Stress-Faktoren ausgeschaltet, sondern auch eine Vielzahl von nutzlosen Appellen an die Einsicht und eine Menge an enttäuschten Hoffnungen. Ein Vergleich: Sie sind im Urlaub und wollen wandern gehen. Leider spielt das Wetter nicht mit, es regnet und stürmt. Sie finden das zwar nicht freundlich, aber sie gehen nicht vor Wut die Wände hoch. Sie lesen ein Buch, das sie schon immer lesen wollten und passen sich der Situation an. Auch Stachelschweine sind ähnlich wie Naturphänomene. Sie haben es sich nicht aus freien Stücken ausgesucht, so misstrauisch, bedürftig, ängstlich oder impulsiv zu sein. Sich darüber zu empören, ist letztlich genauso nutzlos wie der Wille, das Klima zu kontrollieren.

Nur in seltenen Fällen trifft auf das andere Verhalten nur eine einzige Deutung zu. Meist steht ein ganzes Spektrum von Deutungsmöglichkeiten offen, die mehr oder weniger plausibel sind, die aber große Unterschiede machen, welche Figur der andere dabei abgibt. Es gibt immer Deutungen, die den anderen dümmer, ekliger und ungenießbarer erscheinen lassen und solche, die ihm etwas zugute halten oder einen Vorschuss an unterstellter Rationalität oder mildernde Umstände zugestehen. Georg Franck, ein Wissenschaftler, der sich mit der „Ökonomie der Aufmerksamkeit" auseinander setzte, hat dazu eine nachdenkenswerte Maxime aufgestellt: „Halte, wenn dir der andere unverständlich erscheint, nicht ihn, sondern erst einmal dich selbst für den Dümmeren!" Das heißt nun nicht, dass Sie alle Erwartungen und Vorlieben aufgeben sollten. Es gibt Zeiten, in denen Sie auf einem gewissen Maß angemessenen Verhaltens bestehen wollen. Das ist auch gut so. Doch wohlwollend zu interpretieren und die Erwartungen zu reduzieren, ist nicht dasselbe wie den Anspruch zu senken. Es ist sehr gut möglich einen hohen Anspruch zu setzen und dennoch die eigenen Erwartungen zu relativieren und sich für wohlwollende Deutungen zu entscheiden. Nicht weil man dadurch ein besserer Mensch würde, sondern weil man es so will. Diese Wahl ist auch deshalb klug, weil es, wie der Volksmund sagt, aus dem Wald so wieder heraustönt, wie man es zuvor hineingerufen hat.

Drittens:
Wenn man in ein Stachelschwein-Szenarium gerät, schwindet ganz offenkundig die Fähigkeit zur Distanz – auch zu sich selbst. Nur allzu leicht wird man infiziert, verheddert sich in dem Wunschdenken, der andere möge doch endlich Vernunft annehmen. Man empört sich oder ist nervlich so fertig, dass man sich bei monströsen Rachegedanken ertappt. So ein betroffener Journalist: „In dieser Sache werde ich bis zum Bundesverfassungsgericht gehen. Wenn ich nicht Recht bekomme, dann wird ‚dieses Schwein' mich noch kennen lernen. Ich kann meine Artikel auch im Knast schreiben." Stachelschweine bringen oft unsere schlechtesten Eigenschaften zutage. Sie können einen per Knopfdruck auf die Palme bringen wie kaum jemand sonst. Plötzlich wird man unversehens zum Mitspieler eines inszenier-

ten Dramas, dessen Spielregeln man oft erst hinterher durchschaut.

Meist sind es Variationen zum selben Thema, und man weiß eigentlich schon im voraus, was passieren wird: der Misstrauische, der eine endlose Kette von Zerwürfnissen und Konflikten heraufbeschwört, der Nette, der sich aus allem heraushält, die Bedürftige, die am Telefon klebt und unter einer halben Stunde kein Ende findet. Der Wiederholungscharakter dieser stereotypen, vorhersehbaren Reaktionen ist ein Indiz, dass man es nicht allzu persönlich nehmen sollte. Das schützt zwar nicht vollständig vor Verletzungen, kann aber die Stacheln etwas abmildern. In einer ähnlichen Situation könnte es jeden in der Nähe treffen, deswegen führen Fragen wie: „Was habe ich bloß falsch gemacht?", meist in Sackgassen. Oft weiß der andere selbst nicht, was hinter seinem Verhalten steckt. Kurzum: Lassen Sie sich nicht hineinziehen! Man sollte in schwierigen Situationen immer drauf achten, innerlich Abstand zu halten, denn nur so kann man herausfinden, worum es wirklich geht und wie man selbst reagieren möchte. Hier einige Äußerungen von Personen, die sich diese Haltung zu eigen gemacht haben: Ein Anwalt: „Ich pflege die Einstellung ‚Ich stehe über den Dingen'." Ein Berater: „Ich versuche die Situation wie ein objektiver Beobachter zu betrachten." Ein Büroangestellter: „Ich schaue auf die Person wie durch das falsche Ende eines Teleskops; ich sehe alles ganz klar, aber sehr weit weg." Eine Ärztin: „Ich stelle mir ein Video vor, das in doppelter Geschwindigkeit abgespielt wird." Eine Buchhändlerin: „Ich erlaube mir,‚wegzudenken'. Da ich gut erzogen bin, habe ich die Technik entwickelt, während ich weiter zuhöre, gleichzeitig an etwas anderes denken zu können." Innerlich auf Abstand zu gehen, ist nicht gleichzusetzen mit „abschalten", gefühlsarm, kalt oder verständnislos zu sein. Im Gegenteil. Je mehr man in der Lage ist, den anderen als getrennt von sich zu sehen, und ihn in seiner Andersheit zu lassen und zwar im doppelten Sinn von „sein lassen", wie er ist und

„loszulassen", desto mehr kann man ihn sehen, wie er wirklich ist. Wer sich auf die Kunst versteht, innerlich Abstand zu wahren, steht über den Dingen. Manchmal muss man sich körperlich entfernen und den Raum verlassen, damit man innerlich Abstand nehmen kann. Allerdings neigen viele dazu, zu meinen, sie müssten Helden sein und in schwierigen Situationen ausharren. Oder sie fühlen sich gefangen und verhaftet. Man braucht eigentlich nur zu sagen: „Entschuldigen Sie mich einen Moment. Darüber muss ich erst noch einmal nachdenken." Oder „Ich glaube, es wäre besser, wir reden morgen (oder zu einem späteren Zeitpunkt) nochmals darüber." Zeitpunktverschiebungen oder Szenenwechsel helfen meist. Manchmal ist es klug, vor allem wenn ein Gespräch aus dem Ruder läuft, aus dem Weg zu gehen. Das bedeutet nun nicht, sich einfach auf dem Absatz umzudrehen und wortlos den Raum zu verlassen. Es dürfte einleuchtend sein, dass die Situation damit nicht gelöst ist. Wichtig ist, was man in Konfliktsituationen sagt, bevor man geht, zum Beispiel: „Ich glaube, dass dieses Gespräch für uns momentan nicht weiter förderlich ist." Am besten redet man ganz ruhig, selbst wenn die Ruhe nur gespielt ist. Damit besänftigt man nicht nur sich selbst, sondern man bekommt auch die entgleiste Situation in den Griff. Erst mal wegzugehen, hat den Vorteil, dass man jedenfalls nichts Dummes sagen kann. Oder etwas, das nicht mehr ungeschehen zu machen ist.

Viertens:
Den wichtigsten Schritt können Sie nur für sich selbst tun. Hier geht es um selbstbewusste Kommunikation. Bleiben Sie sich selbst treu, mit all dem, was zu Ihnen gehört. Sich zu verleugnen, großzügiger und toleranter zu taktieren, als einem zumute ist, bringt zwar kurzfristige Vorteile, aber der Preis dafür ist hoch. Ich gehe davon aus, dass es nicht purer Zufall ist, dass Sie mit einem Stachelschwein zu tun haben. Vielleicht gibt es sogar einen geheimen Sinn, der Sie dazu bringen will, sich Herausfor-

derungen zu stellen, Entwicklungsschritte zu tun und sich dabei Ihres Eigenwertes bewusster zu werden. Versuchen Sie herauszufinden, was für eine Lektion Ihr Stachelschwein Sie lehren will. Fragen Sie sich: „Kann ich hierbei etwas lernen?", oder „Versucht er/sie vielleicht unbewusst mir etwas beizubringen?" Wenn Ihre Antwort „Ja" ist, dann nehmen Sie die Herausforderung an. Bei allen Schwierigkeiten haben Sie sich ausgerechnet ein solches Stachelschwein gesucht, das Sie nun auf sich selbst zurückweist.

Das Training in selbstbewusstem Verhalten, das nun von Ihnen gefordert ist, beruht auf drei Säulen:

1. Ich übernehme Verantwortung für mich selbst und stehe für mich ein.
2. Ich äußere mich direkt, klar und angemessen.
3. Und ich berücksichtige den anderen.

Hilfreich dabei ist das Bild vom Baum: Ein Baum ist immer in seiner Mitte. Er wird durchgeschüttelt vom Wind, von der Sonne erwärmt, vom Regen gepeitscht – aber er bleibt unbeirrbar stehen, nimmt die Dinge, wie sie sind, wie sie kommen und gehen, und dabei wächst und gedeiht er, weil er sich selbst treu bleibt.

Egal in welcher Situation Sie sich befinden, Sie entscheiden selbst, ob Sie sich durchschütteln lassen, den Sturm einfach als Zeuge beobachten, oder erst mal eine Pause einlegen. Wenn man sich selbstbewusst äußert, ohne die Gefühle des Gegenübers zu verletzen oder ihn unter Druck zu setzen, steigt die Chance, dass die eigene Meinung vernommen wird und die eigenen Wünsche berücksichtigt werden. Sich selbstbewusst zu äußern, ohne sich zu entschuldigen oder sich und andere in Verlegenheit zu bringen oder anzugreifen, hat den Vorteil, dass Beziehungen sich verbessern.

Man kann zwar Auseinandersetzungen aus dem Weg gehen, aber dies hat seinen Preis. Man verleugnet seine Gefühle und verliert an Selbstachtung. Das Gegenteil, nämlich in die Offensive zu gehen, bringt zwar kurzfristigen Gewinn, aber man verliert den Respekt des anderen und womöglich die Beziehung. Selbstbewusst reagieren heißt, dem anderen und sich selbst Respekt entgegen zu bringen. Ein Beispiel: Jemand, der seine Freunde immer wieder mit der Frage mobilisiert: „Wie mach' ich das bloß?", braucht Anleitung, wie man einen Fragebogen ausfüllt. Man könnte passiv reagieren: „Komm halt vorbei, ich habe zwar heute selbst viel zu erledigen, aber ich versuche es irgendwie einzuschieben." Oder offensiv: „Da musst du dich schon selbst bemühen, ich bin doch nicht deine Mama." Oder selbstbewusst: „Ich verstehe, dass es dir Schwierigkeiten bereitet, aber ich bin gerade selbst dabei, eine Arbeit zu beenden. Ich nehme an, du weißt, wie man sich im Internet die nötige Information beschafft. Probier es doch mal." Selbstbewusst reagieren heißt also auch Nein zu sagen, ohne dabei den anderen zu verletzen oder ihn abzuwerten.

Im nächsten Kapitel geht es um die zehn Top-Secrets, wie man ein Stachelschwein „zähmen" kann. Man sollte sie kennen, damit man in der Hitze des Gefechts, insbesondere wenn man sich angegriffen fühlt, auf ein paar Erste-Hilfe-Regeln zurückgreifen kann.

Top-Secrets im Umgang mit Stachelschweinen

1. Kein Öl ins Feuer gießen

Konfrontiert mit einem erregten, wütenden Stachelschwein denkt und reagiert man schnell unangemessen, vor allem wenn man sich einschüchtern lässt oder wenn man sich angegriffen und verletzt fühlt. Ob Sie seine Gefühle für gerechtfertigt oder für übertrieben halten, ist unwichtig. Gefühle sind Fakten, sie sind einfach da und der andere ist darin gefangen. Lassen Sie ihn reden und seine Gefühle ausdrücken. Stoppen Sie ihn nicht. Wenn er seinen Gefühlen Luft machen kann, wird er die aggressive Energie und den Druck los. Es gibt niemanden, der andauernd wütend sein kann. Nehmen Sie diese Gefühle wahr, aber sparen Sie sich ironische oder zynische Bemerkungen („Geht's noch?", „Nur weiter so!", „Jetzt kapiere ich endlich, wie durchgeknallt du bist!", „Warst du schon immer so eklig?"). Werten Sie seine Gefühle nicht ab und machen Sie sich nicht lustig über ihn („Man kann's auch übertreiben!", „Über so was regst du dich auf?", „Gerade ein Selbstbehauptungstraining absolviert?"). Schießen Sie nicht aus der Hüfte, auch wenn Sie meinen, erste spontane Reaktionen seien besonders originell. Besonders bei Nahestehenden gilt es, dieser Versuchung zu widerstehen. Die Gefahr ist groß, dass wir uns mit Nahestehenden Dinge gestatten, die wir Fremden niemals zumuten würden. „Je stärker der Tobak, desto vertrauter die Beziehung", diesen Grundsatz sollten

Sie mit einem netten, symbolischen Feuer im Kamin verbrennen. Kein Öl ins Feuer gießen, ist der Anfang aller Weisheit.

2. Fragen sind Brücken

„Wer, wie, was, warum? Wer nicht fragt, bleibt dumm." Das lernen Kinder schon im Kindergarten. Also warum nicht mehr fragen? Mit Fragen kann man selbst in heiklen Situationen Aufmerksamkeit und Zeit gewinnen. Selbst die stacheligsten Zeitgenossen reagieren weit besser auf Fragen als auf Antworten oder Behauptungen. Die meisten reden nun mal am liebsten über sich selbst, was sie beschäftigt, irritiert, begeistert oder behindert. „Wenn ich etwas getan habe, das dich stört, könntest du es mir sagen?", „Wenn es nach dir ginge, wie sollten wir weiter machen?" Zumindest gewinnt man so Zeit, um sich wieder auf seine eigene Mitte zu besinnen, und man erhält Informationen über die Beweggründe des anderen. Außerdem kann man durch Fragen das Eis brechen, Missverständnisse klären, Lücken überbrücken zwischen dem, was man gesagt und was der andere gehört hat. „Habe ich richtig verstanden, du hast gehört, ich würde dich ablehnen?" Fragen können helfen, das bisher Gesagte zu überprüfen: „Wenn dir das Ganze so zu Herzen geht, kann es sein, dass ich irgendetwas nicht berücksichtigt habe?", „Du fühlst dich übergangen. Stimmt das?"

Nicht ohne Grund heißt es, wer fragt, der führt. Ich spreche von Fragen nicht im Sinne von Überlegenheitstaktik und Oberhandsicherung, sondern als Überbrückung von Verständnislücken und als Überprüfung von Wahrnehmungen: „Ich sehe, dass du unzufrieden bist mit dieser Lösung. Habe ich etwas übersehen?" Mit Fragen kann man in heiklen Situationen die Spannung herunterfahren, weil man dem anderen die Gelegenheit gibt, sich zu äußern oder etwas loszuwerden, was bisher ungesagt blieb. „Ich spüre Spannungen zwischen uns. Möchtest du darüber sprechen?" „Wenn ich etwas getan habe, das dich stört, könntest du mir sagen, was dich stört?" oder „Was kann ich beitragen, dass du dich wohler fühlst?" „Machst du dir Sorgen?" oder „Kannst du mir mehr dazu sagen?" Diese Fragen signalisieren nicht nur Beachtung, sie helfen auch, dass der andere dort abgeholt wird, wo er sich innerlich befindet.

3. Freundlichkeit besiegt Unfreundlichkeit

In einem Gedicht von Jorge Luis Borges heißt es, dass Menschen mit winzigen Gesten der Freundlichkeit „die Welt erretten". Wer es schafft, Menschen mehr Zuwendung entgegenzubringen, als sie es verdienen, der bekommt nicht nur weniger Missmutsfalten. Durch seine Gegenwart erscheint die ganze Welt reicher, spendender und beglückender. Deswegen: Verlassen Sie mit einem freudigen und beherzten Sprung den Sumpf der Unfreundlichkeit. Stachelschweine brauchen besonders viel Freundlichkeit. Das nimmt ihren Stacheln die Spitzen.

Die Haltung der Freundlichkeit ist mehr als reine Höflichkeit. Dazu braucht man Herz und Phantasie. Das heißt nun nicht, dass man immer nachzugeben hätte, wie es angeblich „die Klügeren" tun (was eine ziemlich einfältige Redensart ist, nach der den Dümmeren wohl die Welt gehört). Man kann ein Stachelschwein ebenso mit aller Freundlichkeit in seine Schranken weisen, unerbittlich in der Sache, aber ohne Gehässigkeit und Patzigkeit. Man kann seinen Wünschen nachkommen, nicht weil man gezwungen wurde, sondern weil man ihm sein Vergnügen gönnt. Gelingt es „gute Miene zum bösen Spiel" zu machen, so wird man auch bei sich selbst positive Veränderungen feststellen. Wer freundlich ist, dem eilen die Glückshormone zu Hilfe, und alles ist nur noch halb so wild. Außerdem lösen sich viele Probleme in Wohlgefallen auf, wenn man wohlwollend bleibt. Man wird zudem feststellen, wie dankbar Menschen sein können, wenn man den ersten Schritt in Sache Freundlichkeit tut. Es ist eine Kunst und braucht Disziplin, in harten Zeiten freundlich zu bleiben. Man sollte nicht zu spät damit anfangen. Nach der Pubertät ist vielleicht gerade richtig. Der Gedanke „Du warst immer so eklig zu mir, warum sollte ich jetzt freundlich sein?“ liegt zwar nahe. Gibt man ihm aber nach, treibt man sich und den anderen immer tiefer in die Entfremdung hinein. Bedenken Sie: Auch wenn andere Ihnen das Leben sauer machen, so tun die meisten doch ihr Bestes unter den gegebenen Umständen. Deswegen: Seien Sie freundlich zu Stachelschweinen – sie brauchen es am meisten.

4. „Du kannst mich nicht meinen!"

Mit dieser Sentenz ist ein Sachverhalt angesprochen, den die Psychologen als „Projektion“ bezeichnen. Wir wissen, dass Stachelschweine es darauf anlegen, andere aus der Ruhe zu bringen, zu verunsichern und negative Gefühle auszulösen. Davor kann man sich schützen, wenn man sich vergegenwärtigt: „Was du an mir wahrzunehmen meinst, sind Produkte deiner eigensinnigen Phantasien, die nichts mit mir zu tun haben.“ Tatsächlich ist diese Feststellung gegenüber den meisten Stachelschweinen berechtigt. Aufgrund ihrer Selbstunsicherheit, ihrer Ängste oder negativen Erfahrungen sehen sie nicht den anderen, so wie er ist, sondern nur ein projiziertes Spiegelbild ihres „Heimkinos“. Je nachdem wie die Figuren ihres Heimkinos beschaffen sind, sehen sie das Monster, den Täter, den Intriganten, den Raffgierigen – oder eben das krasse Gegenteil: den Wunderheiler, den Halbgott, den Hochbegabten oder ein anderes Wesen, das mit grandiosen Fähigkeiten ausgestattet wird. Daher gelten die heftigsten Unterstellungen, Vorwürfe und auch die Lobeshymnen nicht dem Menschen, der in Fleisch und Blut vor ihnen steht, sondern einer Ausgeburt ihrer höchstpersönlichen Phantasieproduktionen. Wenn man dies weiß, braucht man zumindest nicht jede üble Laune persönlich nehmen. Wie wären wir bedient, wenn wir beispielsweise jeden Verkehrsstau persönlich nehmen würden? Warum sollte man sich das Leben versauern lassen?

Wenn man also weiß, dass ein Stachelschwein einen nicht „meinen“ kann, braucht man auch nicht gekränkt, unterwürfig oder nachtragend sein. Man kann sich innerlich distanzieren und durchaus sein Wohlwollen bewahren. Oder sich zumindest einige unnötige Verwirrungen ersparen.

5. Den Stachelschweinen das Echo stehlen

Wenn jemand nörgelt, piesackt oder brüllt, hat er wahrscheinlich einen schlechten Tag – oder vielleicht hat er auch nur schlechte Tage. Dennoch lohnt es sich, dem anderen die Chance zu geben, sein Gesicht zu wahren. Das heißt, weder zu schnell zu urteilen noch zu kapitulieren, ohne mildernde Umstände zu berücksichtigen. Es mag zwar zutreffen, dass manche Stachelschweine absurde Dinge tun, aber wir haben die Wahl, ob und wie wir ein Echo geben. Man gebe nie mehr Echo als unbedingt nötig ist – selbst wenn man sarkastische Spitzen abbekommt, wie z. B. „Du hast keine Ahnung“, „Das ist mal wieder typisch“. Ignorieren Sie diese Spitzen und Sticheleien, so dass sie keine – äußere – Wirkung entfalten können. Lieber ein paar Kommentare verkneifen, auch wenn man am liebsten an die Decke springen würde. So ist man wenigstens nicht in die Ärgerfalle gelaufen und hat irgendeine Dummheit gesagt, die man später bereut. Ich habe Therapeutenkollegen darüber befragt, wie man Stachelschweinen das Echo stehlen könnte. Manche meinten mit „Geduld“, „Offenheit“, „klare Grenzen“, andere meinten mit „Phantasie“, „Neugier“. Dann fiel mir Nietzsche ein, der auf die Frage „Was ist das Menschlichste?“ antwortete: „Jemandem Scham ersparen.“ Darum geht es: Respekt zu zeigen für den anderen und für sich selbst, so dass beide ihr Gesicht wahren können.

Den meisten fällt es schwer , die Ruhe „weg“ zu haben, geschweige denn, sie zu bewahren, vor allem wenn wir geärgert oder gekränkt werden. Gekränktsein beruht weitgehend auf Ichbezogenheit. Der Weg, der da hinausführt, heißt: von sich selbst absehen können. Wer sich selbst zurücknehmen und ruhig bleiben kann, vergeudet seine Kräfte nicht an Sinnloses oder Aussichtsloses. Er vertraut darauf, dass wie mein Vater immer sagte „die Dinge sich historisch entwickeln“, auf die List des Verstandes und auf den rettenden Einfall. Wer die Ruhe bewahren kann, wird nicht zum Opfer seiner Gefühle, sondern beherrscht sie in kritischen Situationen. Das bedeutet nun nicht, dass man wie Buddha persönlich neben einem Stachelschwein sitzt. Es kann auch heißen, eine selektive Unruhe zu wählen. Die ist nicht falsch, nur weil sie „unruhig“ ist. Aggressiven Stachelschweinen ist mit überlegener Ruhe keineswegs immer geholfen. Oft werfen sie einen Fehdehandschuh hin und wollen auch, dass dieser aufgefangen wird.

Wie könnte eine selektive Unruhe aussehen? Reagieren Sie ruhig einmal heftig, aber stets so, dass Sie den anderen und seine Schwächen respektieren. Ernst genommen aber nicht ernst bekämpft, wäre eine andere Variante. Das heißt, Sie trotzen in gesteuerter, quasi südländisch theatralischer Art, aber doch nicht unechter Weise zurück. Zumindest ist das aufregender als erzwungene Ruhe. Und der andere kann sich so auch ernst genommen fühlen.

Falls die Gefahr besteht, dass Sie sich in eine echte Aggression steigern lassen, dann verzichten Sie lieber auf diesen Weg. Besser ist es, bis zehn zu zählen, bevor Sie reagieren, wie auch Eltern dies ihren Kindern raten, wenn sie wütend sind. Das ist nicht nur für Kinder ein guter Rat. Wenn es ganz arg kommt, kann man auch eine Verschnaufpause ankündigen. Man kann den Raum verlassen, einmal kräftig schnäuzen, auf die Toilette gehen oder einfach um Bedenkzeit bitten: „Ich muss erst mal in mich gehen“ oder „Über diesen Punkt möchte erst mal meditieren, bevor wir weiterreden.“ Da werfen selbst die widerborstigsten Stachelschweine das Handtuch.

7. Die Optik verändern

Um mit einem Stachelschwein umgehen zu können, müsste man sein Gedächtnis gewissermaßen „umräumen“. Statt die Erlebnisse in Erinnerung zu behalten, bei denen man sich geärgert oder einander missverstanden hat, könnte es sich lohnen, das Gute ins Helle des Bewusstsein zu rücken. Wenn man es schon nicht unterlassen kann, das Negative zu horten, dann genügt dafür aber ein abgelegener Platz im Gedächtnisspeicher. Man stapelt es am besten ziemlich weit hinten in der Gedächtniskammer. Das Gute, das bisher dort gelagert war, kann so ungehindert nach vorne rücken, erhält mehr Luft und Licht und ist leichter zugänglich. Natürlich wehrt sich unser Hang zur Selbstverteidigung gegen diese Umräumaktion. Vielleicht kann dieses innere „Abrüsten“ erleichtert werden durch die Einsicht, dass es in der Stachelschweinarena nur Besiegte und keine Sieger gibt. Die Lichtblicke des gegenseitigen Verstehens sind entscheidend und nicht die so gleichförmigen und letztlich uninteressanten Stapel an Negativem. Man wird überrascht sein, wie viel Gutes man entdecken kann, wenn man nicht jeden Fehler ankreidet und sämtliche Altlasten vom Vortag löscht oder zumindest weit hinten im Speicher deponiert.

8. Freche Gelassenheit

Gelassenheit wird im Englischen auch mit Haltung („composure“) verbunden, das heißt, die Form bewahren und sich zurückhalten, wenn die Spannung steigt und man am liebsten platzen würde. Die Fähigkeit, besonnen und ruhig, im Vertrauen darauf, dass die Dinge sich historisch richtig entwickeln, ist überhaupt die Schlüsseltugend im Umgang mit Stachelschweinen. Der Lehrgang in Gelassenheit beginnt ganz einfach: mit Pausen. Atempausen, Denkpausen, Kunstpausen helfen uns, dass wir unsere Kräfte nicht für Unnützes oder Aussichtsloses verschwenden. Dazu gehört auch die Fähigkeit, sich rechtzeitig beim Kritisieren zu ertappen. Haben Sie schon einmal ein Stachelschwein kritisiert, das daraufhin sagte: „Danke, dass du mich auf meine Fehler hingewiesen hast. Ich weiß das sehr zu schätzen." Die Bewertungen und Urteile über unsere stacheligen Zeitgenossen zeugen wie Paul Valéry treffend bemerkte, auch von den eigenen: „Alles, was du sagst, spricht von dir. Besonders, wenn du über andere sprichst." Achten Sie einmal darauf, wie oft Sie kritisieren und wie schlecht Sie sich dabei fühlen. Hier gilt: Wenn Sie sich wieder einmal beim Kritisieren ertappen, sagen Sie sich einfach: „Aha, jetzt tust du es wieder." Man sollte sich sein Leben nicht durch allzu viel Verbesserungssucht vergällen. Die Kunst, mit frecher Gelassenheit darüber hinwegzusehen, sich über gewisse Schrullen zu amüsieren, weggucken, grinsen, sich ins Fäustchen lachen oder einfach ignorieren, erspart jede Menge Energie und Ärger. Gewitzte Leute beherrschen die Kunst, sich Kritik zu verkneifen und sich trotzdem zu amüsieren. Wozu andere nacherziehen? Das ist anstrengend, meist erfolglos und macht schlechte Laune.

9. Eleganz als Gegengift

Eleganz? Im Umgang mit Stachelschweinen? Geht das überhaupt? Ist das nicht ein altmodischer Begriff? Viel leichter fällt es uns, zu sagen, was unelegant ist. Ich saß neben einer mitteilungsfreudigen Dame beim Friseur, die die Zeit nutzte, um ihre Freunde mit ihrem Handy von dort aus anzurufen. Man konnte die Friseurin, den Fön, den Wasserhahn und immer wieder sie hören. Darin lag Verächtlichkeit gegenüber ihren Freunden, gegenüber der Friseurin, gegenüber den anderen, schließlich sich selbst gegenüber.

All dies hat mit Rücksicht zu tun. Es berücksichtigt den anderen. Gewiss man kann sich auch elegant finden, wenn man öffentlich brüllt. Die Welt geht davon nicht unter. Aber schöner wird sie dadurch auch nicht. Egal wie unvernünftig der Standpunkt dieser Dame ist, es ist noch lange kein Grund, sie zu verachten. Versuchen Sie die Situation mit ihren Augen zu sehen. Vielleicht können Sie sogar nachvollziehen, dass Sie, wenn Sie in ihrer Haut steckten, genauso handeln würden wie sie. Die Situation mit den Augen eines anderen zu sehen heißt, ernsthaft in seinen Kopf zu kriechen und zu verstehen versuchen, was es heißt, in solch einem Kopf zu wohnen. Elegant wäre: „Ich halte ihr Mitteilungsbedürfnis im Kern für verständlich, aber es gibt sicher einen besseren Weg, damit umzugehen." Das Uneleganteste, was man tun kann, wäre Gleiches mit Gleichem zu vergelten.

Eine elegante Haltung einnehmen heißt, die Gefühle des anderen anzuerkennen. Bei Stachelschweinen treten sie ja ohnehin mehr als genug zu Tage. „Das bewegt dich wohl", „Das regt dich offenbar sehr auf", „Das stört dich offensichtlich", das sind Bemerkungen, die dem anderen helfen, seine Gefühle auszudrücken. Auch wenn Ihr Gegenüber nicht glaubt, dass Sie faire Absichten haben, so zieht er die Stacheln dennoch ein, wenn Sie ernsthaft versuchen zu verstehen, was er braucht. Ein elegantes Gegenüber für ein Stachelschwein ist jemand, der fürsorglich sein kann. Eine Klientin, die ihren Freund derart enttäuschte, dass er fast die Wände hochging, erzählte mir, wie er zu ihr zurückkehrte mit einer Flasche Sekt unterm Arm und sagte: „Wir reden jetzt nicht mehr. Ich habe verstanden. Und jetzt trinken wir ein Glas Sekt zusammen." Er gab, obwohl er schwer enttäuscht war.

Eleganz hat zu tun mit Bescheidenheit und Unterscheidungsfähigkeit. Wir unterscheiden ja nicht nur zwischen den verschiedenen Musikarten oder Kleidungsstilen. Man kann auch zwischen Haben-wollen und Geben-können unterscheiden. Nicht gesicherte Antworten, sondern Fragen und Zuhören, zeugt von lässiger Eleganz einem Stachelschwein gegenüber.

10. Lächeln und nicht wiederkäuen

Ich meine das im wahrsten Sinn des Wortes. Wer älter als fünfzehn Jahre ist und noch Kaugummi kaut statt zu lächeln, hat als Erwachsener schlechte Chancen im Umgang mit Stachelschweinen. Mag sein, dass Kaugummi gut gegen Mundgeruch oder Magenknurren ist, aber im Austausch mit anderen ist er ein „Liebestöter". Wer hingegen lächelt, bewegt ebenfalls die Muskeln, spart aber Energie. Schon allein deswegen, weil man nur etwa die Hälfte der Muskeln einsetzt, die man bräuchte, um eine düstere Miene aufzusetzen. Ein aufmunterndes Lächeln kann Stachelschweine mit Vertrauen aufladen, noch ehe sie überhaupt daran denken, ihre Stacheln auszufahren. Wer zum Kontaktauftakt ein Lächeln aussendet, signalisiert: Keine Angst, das schaffen wir! Ich bin dir wohlwollend gesinnt!

Der Organismus bedankt sich beim Lächelnden mit einem Glückscocktail an körpereigenen Opiaten. Warum wir uns nach diesem Mund-Augenspiel optimistischer und souveräner fühlen, das können sogar die Hirnforscher beweisen. Bügeln Sie Ihrem Stachelschwein die angestrengten Stirnfalten mit einem Lächeln weg. Ein Moment später wird es vermutlich Erleichterung spüren, auch wenn sein Wiederlächeln erst einmal unsicher ausfällt. Ein Lächeln im Gesicht sagt mehr als tausend Worte, es ist schön anzusehen, mildert die Spannungen, schenkt Selbstvertrauen. Niemand braucht ein Lächeln mehr als ein Stachelschwein, das das Lächeln verlernt hat.

Was wären wir ohne unsere Stachelschweine?

Die Gefahr, sich in die Rolle des Ratgebers drängen zu lassen, ist verführerisch und voller Fallstricke. Ratschläge zu geben, ist immer ein heikles Unterfangen, weil man unterstellt, dass man besser über den anderen Bescheid wisse als er selbst. Auch wenn man meint, man wisse, was für den anderen gut und richtig wäre, braucht es für den anderen keineswegs richtig zu sein. Außerdem wird die Beziehung durch die Erteilung von Rat einseitig: Einer gibt nur Rat und der andere empfängt ihn nur. Ein echtes Gespräch ist damit faktisch ausgeschlossen. Das einzige, was Sie ändern können, ist aufzuhören Stachelschweine in Ihrem Sinn zu verändern. Es raubt zu viel Energie, führt zu Alpträumen und erzeugt unnötige Abwehr und Widerstände. Es lebt sich wesentlich angenehmer, wenn man bedenkt, dass jeder das Recht hat, unmöglich zu sein. Auch Sie!

Es ist in der Tat so, dass wir mit Menschen leichter umgehen können, die uns gefühlsmäßig nicht nahe stehen. Wie erklärt sich das? Je weniger man mit persönlichen Gefühlen verstrickt ist, je klarer die gegenseitigen Erwartungen abgesteckt sind, desto leichter fällt der Umgang miteinander. Am Beispiel: Wenn Sie in einen Laden gehen und Kartoffeln kaufen, dann wissen Sie, was Sie möchten und der Verkäufer weiß, was er loswerden will. Schon schwieriger wird es, wenn Sie als Parksünder geschnappt werden und sich des Verdachts nicht erwehren können, dass die Polizistin hinter einem Gebüsch ausgerechnet auf Sie gewartet hat. Da fühlen Sie sich persönlich und in Ihrem Verständnis von Bewegungsfreiheit angegriffen, und es kann Ihnen passieren, dass Sie einen Moment lang Ihre gute Kinderstube vergessen. Eine Polizistin zu duzen, kann zwar teuer kommen. Dennoch wird Sie diese Erfahrung nicht so belasten, dass Sie nun für immer den Mut zum Autofahren verlieren. Wenn Sie nun mit jemandem in den Clinch geraten, der in Ihrer Nähe lebt, der in Ihrem Gefühlshaushalt eine gewisse Rolle einnimmt, so wird jede Entgleisung, jedes Experiment schon gefährlicher. Jede kleine Enttäuschung kann ein Desaster bedeuten, weil Ihr Selbstwertgefühl auf dem Spiel steht. Ebenso leicht fühlt sich auch der andere bedroht. So entstehen Verstrickungen, die zu durchbrechen höchst schwierig werden kann. Es sei denn, man ist bereit, das Risiko einer Umstellung auf sich zu nehmen. Oft genügen dann, trotz aufrechter Bemühungen, kleine Enttäuschungen, um das Ganze aufzugeben. Man missversteht sich nur noch, oder man wählt den bequemen Ausstieg in dumpfes Schweigen – dann ist es wirklich zappenduster.

Die meisten unlösbaren Schwierigkeiten – davon können sämtliche Scheidungsanwälte ein Lied singen – entstehen durch Kontaktabbruch. Solange man noch irgendwie im Gespräch bleibt, ist, wie der Volksmund sagt, „noch nicht alles verbrannt". Gerade bei Nahestehenden ist die völlige Verabschiedung immer auch eine Verabschiedung von der eigenen Geschichte und Vergangenheit. Letztlich heißt es aufgeben. Und aufgeben heißt, eine Sache nicht erledigt zu haben.

Natürlich müssen Sie selbst entscheiden, welches für Sie der gesündeste Weg ist. Es gibt immer drei Möglichkeiten: Entweder Sie stellen sich der Herausforderung und ändern etwas oder Sie akzeptieren den anderen wie er ist und kapitulieren konstruktiv (nichts mehr machen ist etwas anderes als aushalten), oder Sie gehen aus dem Kontakt und schotten sich ab. Wer sich schwach fühlt, muss Grenzen ziehen. Wer sich innerlich und äußerlich stark fühlt, kann seine Grenzen öffnen. Sich schwierigen Menschen zu öffnen, sie ernst zu nehmen, sich zu bemühen, sie zu verstehen, genaues Wissen-wollen, Offenheit und Gesprächsbereitschaft wirkt verändernd auf einen selbst zurück.

Aber stimmt das denn? Was kann mir zum Beispiel ein arrogantes, dummes Stachelschwein geben? Nichts, solange ich es so beschreiben muss. Bin ich hingegen in der Lage, eine bestimmte Art von Konzentration einzusetzen und wahrzunehmen, was mir der andere zu geben hat, dann erfahre ich immer etwas über mich selbst. Deshalb ist der Umgang mit schwierigen Menschen lohnend, vor allem für einen selbst. Der Weg zur Selbsterkenntnis führt immer zunächst zu den anderen, und erst von dort her in die Rückbesinnung. Durch jeden schwierigen Menschen kann ich etwas lernen. Auch wenn seine Schwierigkeiten ganz andere sind als meine eigenen. Hinter allen Schwierigkeiten stecken ja immer die gleichen Ängste, Selbstunsicherheiten und Defizite an positiven Erfahrungen. Darum lohnt sich der Umgang mit schwierigen Menschen, ungeachtet aller Probleme und Enttäuschungen, weil man dabei nicht irgend einem Stachelschwein begegnet, sondern im gleichen Maß auch sich selbst.

„Willst du ein guter Partner sein, dann schau erst in dich selbst hinein", empfahl Friedemann Schulz von Thun. Man kann auch mit seinem eigenen Stachelschwein-Anteil in einen Dialog treten. Selbst dabei ist die Empfehlung Schillers angebracht: „Willst du dich selber erkennen, so sieh, wie die andern es treiben; willst du die andern verstehn, blick in dein eigenes Herz!" Der Umgang mit Stachelschweinen und der Umgang mit den eigenen schwierigen Anteilen steht in enger Wechselbeziehung. Die Kunst, hinter die eigenen Kulissen zu schauen, also in die eigenen ungeliebten Seelenanteile, und die Kunst, mit einem Stachelschwein umzugehen, keine dieser beiden Künste kann man beherrschen, ohne zugleich auch die andere zu üben.

Etwas Süßes braucht der Mensch

Wenn Sie sich bis hierhin durch diese schwierige, stachelige Materie durchgearbeitet haben, dann wissen Sie Bescheid, was Stachelschweine „ticken lässt". Sie haben vielleicht auch herausgefunden, für welche Stacheln Sie besonders anfällig sind, wo man bei Ihnen „andocken" kann. Sie wissen jetzt besser, was Sie im Viereck springen lässt, wann Sie aus dem Kontakt gehen, worüber Sie sich Sorgen machen, oder wodurch Sie besonders leicht zu hypnotisieren und einzuschüchtern sind. Und Sie haben sich überlegt, wie Sie in der Erwachsenen-Ausgabe des unendlichen Spiels „Mensch, ärgere dich" zum Spielverderber werden können. Der größte Erfolg wäre natürlich, dass Sie zu diesem Spiel nicht mehr eingeladen werden.

Die produktivste Veränderung erreichen Sie, wenn Sie Ihre Energie dafür einsetzen, gut für sich selbst zu sorgen, vor allem wenn Sie sich Sorgen machen. Deswegen möchte ich Ihnen am Schluss mein „süßes Geheimnis" ans Herz legen. Wahrscheinlich fragen Sie sich jetzt, was dies mit Stachelschweinen zu tun hat. Dahinter verbirgt sich der einfache, beherzigenswerte Leitsatz: Etwas Süßes braucht der Mensch! Es macht einfach gute Laune, und Probleme schmelzen wie Schokolade an der Sonne, wenn man selbst den unangenehmsten Situationen noch etwas Bekömmliches abgewinnen kann. Viele Stachelschweine ahnen ja nicht einmal, dass diese „Wohlfühl-Enzyme" die besten Antidepressiva sind und genau die Stoffe enthalten, die unser strapaziertes Nervensystem braucht. Etwas Süßes zur rechten Zeit kann fast jedes Psychopharmakon ersetzen. Weshalb wir uns nach etwas Süßem viel besser fühlen, stärker, selbstbewusster, optimistischer, das können sogar die Hirnforscher bestätigen. Süßes tut gut! Jedenfalls viel besser als dieses ewige Durchdiskutieren-Wollen, mit dem man ohnehin nur neue Stacheln setzt. Süßes lädt ein, Glücksgefühle zu teilen, und wirkt zuverlässiger als Worte, noch ehe wir überhaupt Worte gefunden haben. Süßes ist ein Stressblocker und stimmt selbst die widerborstigsten Stachelschweine etwas milder.

Keine Laune ist so übel und kein Stachelschwein ist so unheilbar, dass sie nicht durch etwas Süßes kuriert werden könnten. „Gegessen wird, ob wir glücklich oder unglücklich sind", so lautete die Devise meiner Großmutter. Selbst Miguel de Cervantes meinte: „Elend wird vergessen, gibt's nur was zu essen." Deswegen stelle ich Ihnen nun ein Stachelschwein-Rezept zur Verfügung, das ich meiner Freundin Sabine verdanke. Die Nüsse wirken wie Brennstoff auf unsere grauen Zellen. Muss denn Süßes Sünde sein? Wenn es gut tut, ist auch dies erlaubt.

Beruhigendes Stachelschweinfutter

Anzahl: 60 kleine Plätzchen
30 g Butter, zerlassen
250 g Brauner Rohrzucker
2 Eier, gut geschlagen
175 g Mehl
175g Pecannüsse, gehackt
175 g Datteln, entsteint und gehackt
350 g geraspelte Kokosnuss, am besten frisch

Butter, Zucker, Eier miteinander verrühren. Mehl dazugeben und die anderen Zutaten unterrühren. Bei 190° ca. 20 Minuten backen.

Literatur

Altemöller, E.-M. (2003): Gelassenheit. Von der Kunst und dem Vergnügen über den Dingen zu stehen. München

Berckhan, B. (1998): Die etwas gelassenere Art, sich durchzusetzen. München

Bergmann, T. (1992): Giftzwerge. Wenn der Nachbar zum Feind wird. München

Bernstein, A. J., Rozen, S. C. (1990): Das Dinosaurier-Syndrom. Vom Umgang mit sich und anderen schwierigen Kollegen (Engl. Originalausg. New York 1989). Zürich

Bramson, R. M. (1981): Coping with difficult people. New York

Czypionka, S. (2003): Umgang mit schwierigen Partnern. Erfolgreich kommunizieren mit Kunden, Mitarbeitern, Kollegen u.a.m. 3. Aufl. Frankfurt/M., Wien

Franck, G. (1998): Ökonomie der Aufmerksamkeit. München, Wien

Hermer, M., Klinzing, H. G. (Hg.) (2004): Nonverbale Prozesse in der Psychotherapie. Tübingen

Kopp, S. (1994): Wieder bei Eins anfangen. Ein praktisches Handbuch für Therapeuten und Gruppenleiter. 1. Aufl. Oldenburg

Kretschmer, E. (1977): Körperbau und Charakter. 26. Aufl. Berlin, Heidelberg

Lelord, F., André, C. (2001): Der ganz normale Wahnsinn. Vom Umgang mit schwierigen Menschen. 2. Aufl. Berlin

Linkemer, B. (2000): Der professionelle Umgang mit schwieri-

gen Menschen (Engl. Originalausg. o.O. 1999). Landsberg a. L.
Riemann, F. (1969): Grundformen der Angst. München
Schleichert, H. (1998): Wie man mit Fundamentalisten diskutiert, ohne den Verstand zu verlieren. Anleitung zum subversiven Denken. München
Schmidbauer, W. (2004): Persönlichkeit und Menschenführung. Vom Umgang mit sich selbst und anderen. München
Schulz von Thun, F. (2003): Miteinander reden. Stile, Werte und Persönlichkeitsentwicklung (2). Reinbek bei Hamburg
Senger, H. von (Hg.) (1999): Die List. Frankfurt/M.
Tarr Krüger, I. (1997): Von der Unmöglichkeit, ohne Lügen zu leben. Stuttgart, Zürich
Tarr Krüger, I. (1999): Das Leben meint es gut mit dir. Anregungen zur Lebenslust. Freiburg, Basel, Wien
Tarr Krüger (2001): Die magische Kraft der Beachtung. Sehen und gesehen werden. Freiburg, Basel, Wien
Tartaglia, L. A. (1999): Flawless! The ten most common character flaws and what you can do about them. New York
White, B. F. (2002): Normal ist ungesund. Warum es heilsam ist, unangepasst, anders und mutig zu sein. München
Wieke, T. (2002): Schwierige Gespräche. Wie Sie Kommunikationsprobleme erfolgreich meistern. Frankfurt am Main
Xylander, E. von (1958): Vom Umgang mit schwierigen Menschen. München, Basel
Zittlau, J. (2002): Buddha für Manager. München